Peterbaude1927: Arbeitsstelle von Paul Jacob

Die letzte Arbeitstätte von Paul Jacob: die neue schlesische Baude

In der großen Nacht

Wir haben die Gewißheit, daß die Bäume, Wege und Felder es sind, die uns helfen, weil wir jede ihrer Furchen kennen und wissen, daß in dem alten Wald unserer Kindheit und auf den Feldern, die wir bearbeiteten, uns kein Schaden treffen kann. Wie wäre es sonst geschehen, daß vor der Aussiedlung so viele Deutsche unbeschadet in die Tschechei flüchten konnten, trotz strenger Grenzbewachung? Das sind Nächte, in denen keiner schläft, und viele gehen als Führer einige Male in einer Nacht über die Grenze: die Trupps der unbekannten Menschen aus anderen Gebieten Schlesiens oder Polens, die angstvoll ihren sicheren Schritten folgen, gleiten durch die dichte Postenkette lautlos wie ein Schatten.

In der Osternacht läßt uns ein tschechischer Bauer an die Grenze kommen. Wir wissen nicht, was er von uns will. Aus der Dunkelheit des Dickichts tritt er riesengroß und schweigsam zu uns. Einen Sack mit Brot und Fleisch, Mohn und Mehl trug er für uns von seinem fernen Dorf her. »Heut die große Nacht, wir wollen Gutes tun.« Er sagt es auf tschechisch und wir verstehen ihn. Die große Nacht, die Osternacht. Erst als er von seinem Grenzstein erkennt, daß wir heil und ungehindert den Heimweg gehen können mit unserer guten Last, sehen wir ihn wieder in die Tiefe seines böhmischen Waldes zurückkehren. Einer, der weiß, worum es geht in der Welt.

Bericht April 1946, aus:
Einladung in ein altes Haus.
Geschichten von Vorgestern.
Von Dagmar von Mutius

HERMANN GEBHARDT

Rübezahl

Den Geist der Berge hab' ich gut gekannt.
Ich traf ihn oft auf seinen Wanderwegen
und sah ihn gern mit spielerischer Hand
auf Hang und Hütten Wolkenschatten legen.

Ich lauschte seinem Donnerzorn am Kamm
und hörte ihn vergnügt im Knieholz pfeifen.
Ich sah ihn polternd eilen durch die Klamm
und mit der Sturmfaust nach den Bäumen greifen.

Oft hat er seinen Blitz nach mir gezückt,
zum Spaße nur, dem Übermut zu drohen;
doch hat er je und je mich tief beglückt,
wenn Lebensmut und Freude mir entflohen.

Traf mich ein Schmerz, hing er mir geisterstumm
im Dämmer einer kühlen Abendstunde
den weichen grauen Wolkenmantel um,
und wie ein Kind vergaß ich Weh und Wunde.

Von seinem Garten bin ich lange fort,
doch denk' ich gerne seiner tollen Schwänke.
Schlug mich zuweilen auch sein grobes Wort,
gab seine Hand doch goldene Geschenke.

Harald Saul

Schlesien

Das große Buch der Familienrezepte

Bassermann

»Man kann durch viele Länder reisen,
das Land des Anfangs gibt es nur einmal.«
Gerhard Gruschka

Die Breslauer Jahrhunderthalle

GÖRLITZ

BUNZLAU

GLOGAU

LIEGNITZ

BRESLAU

Schlesien

(Grenzen 1940)

SPREE
LAUSITZER
NEISSE
Cottbus
Grünberg
Glogau
Sagan
Sprottau
BOBER
Kreischau
Hoyerswerda
Zoblitz
QUEIS
Trebnitz/
Zedlitz
Bunzlau
Görlitz
Lauban
Liegnitz
Breslau
Dresden
Löwenberg
ODER
Jauer
Kynan
Iser-
gebirge
Zittau
Hirschberg
ELBE
Riesengebirge
Grüssau
Grottkau
Oppeln
Frankenstein
GLATZER
NEISSE
Glatz
Neisse
Gleiwitz
ISER
Gellenau
Habelschwerdt
Kattowitz
Jägerndorf
Ratibor
Prag
ELBE

NEISSE

GLATZ

RATIBOR

OPPELN

GLEIWITZ

Inhalt

Geschichten und Rezepte

Kulinarische Zeitreise durch Schlesien

»Eins, zwei, drei,
vier, fünf, sechs, sieben,
eine alte Frau kocht Rüben,
eine alte Frau kocht Speck,
du bist weg.«
Alter Breslauer Kindervers
um 1920

Ideen, die man lange mit sich trägt, brauchen manchmal einen Anstoß von außen, damit sie verwirklicht werden. Schon seit Anfang der 70er Jahre (als Kochlehrling in Meuselwitz/Thüringen) beschäftigte ich mich mit der schlesischen Küche. Doch erst 2001, auf der Leipziger Buchmesse, erhielt ich die entscheidende Anregung. Ehemalige Schlesier wünschten sich auch ihre alte Heimat und Küche in meiner Buchreihe »Familienrezepte« dargestellt. Ich ermunterte sie, in ihrem Familien- und Verwandtenkreis nach Schrift- und Bildmaterial aus jener Zeit zu forschen und es mir zukommen zu lassen. Die Resonanz war groß. Nun befanden sich zahllose Ansichtskarten, Fotos und handgeschriebene Familienkochbücher in meinem Archiv und bildeten den Grundstock zu meinem ersten Kochbuch, das einen repräsentativen Querschnitt durch die schlesische Küche gibt und ausschließlich authentische Rezepte und Geschichten vorstellt.

Nach dem Erscheinen meines ersten Buches »Familienrezepte aus Schlesien«, 2003, erreichten mich unzählige Briefe und Telefonate, in denen mir ältere Menschen ihr Lebensschicksal schilderten, ihre Familiengeschichten erzählten und mir weitere Rezepte der traditionellen schlesischen Küche zur Verfügung stellten. Dieses umfangreiche Material bot mir die Möglichkeit, erneut einen besonderen Teil des schlesischen Lebensalltags zwischen 1900 und 1945 zu dokumentieren. Das zweite Buch wurde 2008 unter dem Titel »Noch mehr Familienrezepte aus Schlesien« veröffentlicht.

Dieser Doppelband ist eine Zusammenstellung der Rezepte, Fotos und Erzählungen der beiden Einzelbände.

Von den frühen Kolonisten des 13. Jahrhunderts, die aus Franken, Bayern, Schwaben und Thüringen kamen, bis hin zur Zugehörigkeit Schlesiens zu Böhmen und dem Kaiserreich Österreich-Ungarn finden sich Spuren in der schlesischen Küche.

Die typisch schlesischen »Kließla« können ihre Verwandtschaft mit bayerischen Knödeln, Thüringer Klößen, schwäbischen Klöß und Knöpfle sowie Wiener Mehlspeisen und Backwerk nicht verleugnen. Süßspeisen sind traditioneller Bestandteil schlesischer Mahlzeiten. Das »schlesische Himmelreich«, gewissermaßen Nationalgericht der Region, serviert Backobst zu Fleisch und Klößen. Festtage bieten Anlass, die ganze Pracht der Küche auf den Tisch zu bringen. Ob zum »Kindelschmaus« (Taufe), auf der »Huxt« (Hochzeit), beim Schlachtfest – Essen und Trinken dürfen nie fehlen. Besondere Reichhaltigkeit entfalten die Erntemonate bei der »Kerms« (Kirmes). Die Gaben der Natur werden in vielfältige Speisen verwandelt, während sich die ländliche Bevölkerung unter der Erntekrone – gewunden aus Ähren, Blumen und Eichenlaub – singend und tanzend vergnügt.

Landschaft, Boden und Klima formen den Menschen und bestimmen seine Ernährung, die hier urwüchsig-rustikal ist. Neben Erzeugnissen der Garten- und Feldwirtschaft erscheint nicht nur das Fleisch der Weidetiere auf dem Speiseplan, sondern zu besonderen Gelegenheiten auch Wild und Fisch. So probiere man zu Weihnachten den würzigen Karpfen auf polnische Art (Seite 136), der durch seine Zutaten Feiertagsdüfte verströmt, oder genieße im Herbst die schmackhaften Wildvariationen! Ich habe viele Gerichte nachgekocht und aktualisiert für die Zubereitung in der heutigen Küche, einige Rezepte sind originalgetreu wiedergegeben.

Vielleicht kann meine Arbeit ein Beitrag sein, daß die persönlichen Erinnerungen an die einstige Heimat Schlesien nicht verloren gehen und die Traditionen einer Region auch an die kommenden Generationen weitergegeben werden. Allen, die meiner Neugier und meinen Fragen nach Schlesien und der alten Zeit geduldig Zeit opferten und mich großzügig mit Material bedachten, sei herzlich gedankt!

Gerda Schneider, 1939

Ein Sommer in Schlesien – Erinnerungen von Gerda Schneider aus Hoyerswerda

Meine dritten Sommerferien stehen kurz bevor – endlich ist es soweit, nur noch heute gehe ich in die Schule. Seit Ostern 1927 bin ich Schülerin der Mädchenschule in Hoyerswerda. Sie besteht aus acht Klassen. Der Schulalltag ist ganz schön anstrengend für mich, Anna Ernestine Gerda Schützel. Über eine halbe Stunde führt mich von Montag bis Sonnabend der Fußweg vom ländlichen Klein Neida, einem Vorort von Hoyerswerda, in meine Schule. Dabei muß ich sogar die Bahnschienen überqueren. Meine Schule befindet sich in der Nähe des großen Postamtes.

»Ich komme ja schon, Muttel!« Muttel nenne ich liebevoll meine Mutti, die mir gerade mein Frühstück zubereitet hat.

Oh, ein Eierplins mit … – nein – ohne Blaubeeren! Es wird Zeit, daß ich mit Vatel wieder in den Wald gehe zum Blaubeerenpflücken. Aber der Eierplins schmeckt köstlich, Muttel bäckt ihn fast jeden Morgen für mich. Nun bin ich bereit fürs Lernen. Schnell noch die in Butterbrotpapier gewickelten Schnitten eingepackt und los geht es. Im Anbau unseres Wohnhauses Waldstraße Nummer 11 befindet sich eine Glasschleiferei, in der schon tüchtig gearbeitet wird. Ansonsten ist es ein ruhiger Morgen, die Vögel zwitschern und der Dorfbach plätschert munter drauflos.

Es ist 9.45 Uhr und die große Pause lädt zum Essen ein. Muttel gibt mir immer ein paar Groschen mit, davon kaufe ich mir jetzt für zehn Pfennige eine Flasche Kakaomilch. Eine Molkerei aus der Stadt liefert sie täglich frisch an unsere Schule. Kakaomilch schmeckt mir viel besser als Vollmilch, die es für zwei Pfennige weniger gibt.

Die nächsten Schulstunden vergehen schnell. Mein Heimweg führt mich bei meiner Oma Anna vorbei. Sie wohnt in der Bahnhofsstraße. Oma kocht jeden Tag für mich Mittagessen. Ich erzähle ihr dann noch schnell, was es Neues in der Schule gab und verabschiede mich mit vielen Grüßen für Opa Gustav, der fleißig in der Tischlerei arbeitet. Heute muß ich mich nämlich etwas beeilen, weil ich für Muttel einkaufen gehen soll. Übrigens haben wir, als ich noch klein war, auch mal hier in der Bahnhofsstraße gewohnt. Vor den Toren von Hoyerswerda gefällt es mir aber viel besser. Vatel hat uns die Wohnung besorgt. Hausbesitzer Weiß vertreibt Automaten, die Vatel ab und zu repariert und so kamen wir im vorigen Jahr nach Klein Neida.

Mal gucken, wenn ich richtig rechne, was ich schon ganz gut kann, bleiben zwanzig Pfennige für mich übrig und dafür kaufe ich mir bei »Gemüse-Peter« zwei Bananen. In unserer Waldstraße liegt ein Bauerngehöft. Dort gibt es eigentlich alles, was Muttel so braucht, wenn sie für uns kochen will. Das große Tor ist wie immer gut verschlossen, aber das stört mich nicht. Ich kenne eine geheime Tür, die mich hintenherum auf den Hof führt. Bienenhonig, Butter und Eier kaufe ich heute ein – und das Geld reicht, bloß gut.

Kurz vor sieben am neuen Morgen weckt mich Vatel aus dem Schlaf. Weiß er denn nicht, daß ich Ferien habe? »Komm Kleene, wir gehen in den Wald!« Endlich! Ich liebe den Wald, der gleich hinter unserem Haus beginnt. Er ist hügelig, ein wenig geheimnisvoll und es gibt so viel zu entdecken und zu sammeln.

Vatel kam gerade von der Nachtschicht. Er arbeitet auf Grube Erika der Ilse-Bergbau-AG in Laubusch als Schlosser. Dort repariert er Lokomotiven und riesige Förderbrücken, während er sehr weit oben angeseilt ist. Wir waren Vatel mal auf Arbeit besuchen und mir wurde ganz schwindelig, als ich ihn dort oben sah.

Frauendorf, Haus der Großeltern, um 1907

Frauendorf, historische Ansichtskarte

»Schau mal, es gibt schon Pilze!« Die ersten Pfifferlinge und Birkenpilze, da wird Muttel staunen. Vielleicht kocht sie uns am Wochenende etwas Schönes damit. Am liebsten esse ich die Pilze mit Rührei, brauner Butter und viel Petersilie.

Im Spätsommer sammeln wir wie jedes Jahr Blaubeeren und Preiselbeeren, die weckt Muttel ein. Ich habe dann auch wieder etwas für meine morgendlichen Eierplinsen. Auf dem Heimweg zähle ich die Tage, die noch vergehen müssen, bis Muttel und ich auf große Reise gehen – auf große Reise nach Neualtmannsdorf zu Urgroßvater August. Einmal jährlich, im Sommer, besuchen wir ihn für eine Woche. Das werden wunderbare Ferien.

Hoyerswerda am Bahnhof: Von weitem höre ich bereits das Schnaufen der Lokomotive – und schon sitzen wir im Zugabteil. Über 300 Kilometer liegen vor uns, der Zug rast durch Täler und vorbei an großen Städten wie Bunzlau, Liegnitz, Schweidnitz und Frankenstein. Urgroßvater August erwartet uns, seine Enkelin und seine Urenkelin, sehnsüchtig. Er hat vom Gutsbesitzer ein paar freie Tage bekommen, damit er die Zeit mit uns verbringen kann. Urgroßvater August lebt allein in seinem Haus und arbeitet auf dem Gut als Knecht. Sein Lohn wird ihm teilweise in Lebensmitteln ausgezahlt. Urgroßvater geht mit uns viel spazieren. Wir besuchen die katholische Kirche, wo er 1876 heiratete. Manchmal machen wir Ausflüge in die Umgebung von Münsterberg/i. S. Es gibt dort große Felder mit rot blühenden Mohnblumen.

An einem Abend erzählt er Muttel und mir die gruselige Geschichte vom Massenmörder »Papa Denke« (Karl Denke aus Oberkunzendorf bei Münsterberg brachte über 30 Menschen um und aß sie z. T. auf), der die ganze Umgebung von Neualtmannsdorf in Angst und Schrecken versetzte. Er erzählt von seiner Frau There-

Gerda (vorn links) als Blumenmädchen auf einer Hochzeit, 1931

sia, meiner Urgroßmutter, die schon lange nicht mehr lebt. Sie starb mit 37 Jahren. Dann berichtet er von seinem Sohn Gustav, der als Tischler auf Wanderschaft ging und zur Tischlerei Nicolai nach Hoyerswerda kam. Dort lernte er schließlich meine Oma Anna kennen.

Zu schnell vergeht die Zeit in diesem Sommer, zu schnell sind wir wieder in Neida. Noch eine kleine Reise versüßt mir meine Sommerferien. Sogar Vatel kommt mit. Viel Urlaub hat er nicht, aber die sechs Tage im Jahr werden ihm bezahlt. In seiner freien Zeit geht er außerdem gern kegeln im Verein »Rollendes Glück«.

Aber nun ist er mit uns unterwegs und zwar zu Großmutter Ernestine nach Frauendorf bei Ruhland im westlichen Zipfel von Niederschlesien. Das ist nicht weit von uns aus, deshalb kann ich meine Großmutter auch öfter besuchen. Meinen Großvater Karl habe ich nur als kleines Mädel kennengelernt. Vor fünf Jahren, 1925, kam er auf dem Weg zu seiner Arbeit bei einem Unfall ums Leben. Er war in Lauchhammer als Eisendreher tätig. An einem Bahnübergang wurde er vom Zug überfahren. Seither ist Großmutter Ernestine allein. Sie freut sich immer sehr, wenn ich sie besuchen komme und ihr

Vatel (hinten), Großmutter Ernestine (2. v. l.), Großvater Karl (2. v. r.), 1910

von meinen Erlebnissen erzähle. »Großmutter, stell dir vor, in Neualtmannsdorf waren Zigeuner, die haben viele Hühner mitgenommen und ich hatte ganz schön Angst, als in der Nacht das Kätzchen von Urgroßvater August ans Fenster klopfte.«

Jetzt bin ich 87 Jahre alt, lebe nicht mehr in Schlesien, sondern in Brandenburg, in Senftenberg/Niederlausitz. In meinem Zimmer hängt ein Gemälde mit rot leuchtenden Mohnblumen – eine Erinnerung an die damalige Zeit.

Meine Gedanken wandern oft in die Vergangenheit zurück, zu meinem Ehemann, der aus Ratibor in Oberschlesien stammte. Ich lernte ihn in Görlitz während meiner Ausbildung zur Bücherrevisorin bei der Firma Liva – Terrazzo- und Zementwarenfabrik kennen. Er war damals mit seinem 30. Infanterieregiment in der Stadt stationiert.

Ich sehe auch die dunklen Tage. Der Bombenhagel, der über Görlitz niederging, zwang mich zurück nach Hoyerswerda, wo ich dann beim Amt für Volksgesundheit arbeitete. 1940 heiratete ich in Klein Neida meinen Max. Er verbrachte hier seinen Fronturlaub. Ich sah ihn erst 1949 wieder, als er aus Kiew kam – aus der Gefangenschaft. Vatel starb in der Nachkriegszeit 1947 im sowjetischen Internierungslager in Buchenwald. Muttel starb 1964, ohne je erfahren zu haben, was mit ihrem Mann Reinhold passierte. Sein Schicksal konnte ich erst nach der Wende aufklären lassen. Viel Trauer, aber auch viele glückliche Momente begleiten mein Leben.

HOLUNDERSUPPE MIT KARTOFFELSTAMPF

Suppe: 375 g Holunderbeeren • 1 l Wasser • Schale und Saft von ½ Zitrone
10 Nelken • 1 Zimtstange • 100 g Rosinen • 30 g Stärkemehl • 75 g Zucker
1 EL Butter • Hultsch-Zwieback (heute Neukircher Zwieback)

Stampf: 1½ kg Kartoffeln • ¼ l Milch • 2 EL Butter

☛ Die gewaschenen schwarzen Holunderbeeren mit einer Gabel von den Stielen abstreifen und zerdrücken. Zusammen mit knapp 1 l Wasser und der Zitronenschale, den Nelken, der Zimtstange und den Rosinen 20 Minuten kochen. Den Saft abgießen, wieder zum Kochen bringen und mit dem im restlichen Wasser kalt angerührten Stärkemehl binden. Nun mit Zitronensaft und Zucker abschmecken.

Nebenbei den Zwieback in kleine Stücke brechen und in der Butter braten. Für den Kartoffelbrei Salzkartoffeln bereiten, abgießen, stampfen. Einen Eßlöffel Butter zugeben. Die heiße Milch zugießen und nochmals stampfen.

Von der restlichen Butter braune Butter bereiten und über den zusammen mit der Holundersuppe angerichteten Stampf geben und geröstete Zwiebackwürfel darüberstreuen.

TIP: Aus den getrockneten Blüten des Holunderstrauches bereite ich immer köstlichen Tee, der hervorragend bei Erkältung hilft.

Gerda als Blumenkind, 1928 *Gerda, 1937*

HAFERFLOCKEN-BEEREN-AUFLAUF

150 g Haferflocken • ½ l Milch • etwas Salz • 30 g Zucker
abgeriebene Schale einer halben Zitrone • 3 Eigelb

Guss: 3 Eiweiß • 150 g Zucker
375 g Blaubeeren (Preisel- oder auch Stachelbeeren)

☛ Die Haferflocken mit der kochenden Milch übergießen und zugedeckt 2 Stunden stehen lassen. Dann mit Salz, Zucker und der geriebenen Zitronenschale würzen, die Eigelb daruntermengen und in eine gefettete feuerfeste Form füllen. Im Ofen 10 Minuten vorbacken.

Inzwischen die Eiweiß zu steifem Schnee schlagen, den Zucker und die gewaschenen, entstielten Beeren daruntermischen und über den vorgebackenen Auflauf verteilen, der noch ½ Stunde bei mäßiger Hitze backen muß.

Ricarda und Eduard Bacher, 1901

Der Ebereschen-Koch aus Bad Warmbrunn: Eduard Bacher

Familie Bacher bekam von Bekannten das Buch »Familienrezepte aus Schlesien« geschenkt. Im Internet recherchierten sie meine Adresse sowie die Telefonnummer und luden mich zu sich ein.

Bei meinem Besuch im März 2008 sitzen August und Erna Bacher bereits auf gepackten Koffern. Sie wollen in ein altersbetreutes Wohnheim nach Bad Honnef umziehen und sind sehr beschäftigt. In dem Häuschen, das von August Bachers Großvater 1935 erbaut wurde, sind viele Erinnerungen noch gegenwärtig.

Das Ehepaar Bacher empfängt mich mit dem unverkennbaren schlesischen Dialekt. Auf meine Nachfrage, warum denn beide diesen schlesischen Dialekt sprächen, obwohl sie nur ihre Kindheit in Schlesien verbracht haben, meinen sie verschmitzt, der Umgang forme den Menschen und seine Aussprache. Beide unterhalten lebhaften Kontakt zu schle-

Bad Warmbrunn, um 1920

sisch sprechenden Menschen. Das sei für sie sehr wichtig. Man lebe zwar heute und stelle sich auch den Anforderungen der heutigen Zeit, aber man gedenke ebenso liebevoll der Vergangenheit.

Für das neue Wohnzimmer im altersbetreuten Wohnheim steht schon eine große Kiste mit Heimatliteratur bereit – natürlich in Mundart verfaßt. Sofort verfallen beide erneut in den schlesischen Dialekt. Da ich davon nur die Hälfte verstehe, beeilen sie sich rücksichtsvoll, wieder Hochdeutsch zu sprechen.

Die Bachers stammen beide aus dem schlesischen Bad Warmbrunn und sind hier auch 1930 geboren. Beide arbeiteten als Lehrer und wollen nun hoch in den Siebzigern eine geschmackvolle, schon möblierte Seniorenresidenz beziehen. Sie entschieden sich, fast nichts mitzunehmen und da sie keine Kinder und Enkel haben, stellten sie den gesamten Hausrat für einen Trödelhändler bereit. Freundlicherweise verpackte das Ehepaar aber alles, was an die berufliche Laufbahn des Großvaters erinnert, in eine extra Kiste, die auf mich wartete. Trotz der begehrlichen Blicke des Trödelhändlers haben sie diese Kiste nicht hergegeben, erzählt mir die immer noch sehr lebhafte Erna Bacher lachend.

Aus der Familiengeschichte

Erna Bacher, geb. Nolde, ist die einzige Tochter des Brunnenbaumeisters Richard Nolde und seiner Frau Hertha, geb. Grünling.

Bad Warmbrunn, Quellenhof und Schloß, um 1920

August Bacher ist der einzige Sohn des Oberkellners Reinhardt Bacher und seiner Frau Leonore, geb. Feigenspan.

Reinhardt Bacher war wiederum der einzige Sohn des bekannten Bad Warmbrunner Kochs Eduard Bacher und seiner Frau Ricarda, geb. Geißler. Erst nach einem ausführlichen Gespräch kann ich langsam die komplizierten Familienverhältnisse erahnen, die eng mit der Geschichte des alten schlesischen Kurortes Bad Warmbrunn (heute polnisch Cieplice Zdrój) verwoben sind.

Zum Beispiel erbaute im Kurpark von Bad Warmbrunn ein männlicher Sproß der Familie Geißler, der bekannte Breslauer Baumeister Carl Gottfried Geißler, 1797 die Galerie nach italienischem Vorbild.

Bad Warmbrunn fand das erste Mal 1281 Erwähnung und wurde nach den hier im 12. Jahrhundert entdeckten heißen Thermalquellen benannt.

Der schöne Kurpark, in dem sich die beiden Mütter Hertha und Leonore zufällig kennen lernten, als sie mit ihren Kinder spazieren gingen, existiert heute noch! Die Bekanntschaft hing mit der Arbeit des in Bad Warmbrunn überall bekannten »Ebereschen-Kochs« zusammen.

Leonore Bacher (1899–1951), die Mutter von August Bacher, sammelte Wildobst für den Schwiegervater, der aus den Früchten der Eberesche köstliche Marmeladen, Cremés für Torten, Kuchenfüllungen und auch Desserts zauberte.

Nach und nach lernten sich die beiden Familien kennen. Gern gingen beide Ehepaare zu den Volksfesten in Bad Warmbrunn und hier besonders zum »Tallsackmarkt«, einem alljährlich stattfindenden Volksfest. Später als die Bachers schon in Köln wohnten, verlor man sich ein wenig aus den Augen.

Die Lebensgeschichte des Eduard Bacher (1858–1947)

Eduard Bacher wurde 1858 in Bad Warmbrunn als einziges Kind der Hausköchin Erna Bacher (1834–1900) geboren. Seinen Vater lernte Eduard nie kennen. In der Familie wird überliefert, daß seine Mutter ihm erst kurz vor ihrem Tod verriet, wer sein Vater war: ein kaiserlicher Offizier der österreichisch-ungarischen Monarchie. Nach einem Manöverball hatte er mit ihr eine wundervolle Nacht verbracht. Am anderen Tag zog er mit seinem Regiment weiter. Bald bemerkte die schöne Dorfgasthofköchin, daß diese Liebesnacht nicht ohne Folgen blieb. Sie fuhr nach Bad Warmbrunn zu Verwandten ihrer verstorbenen Mutter und kam hier vorerst unter. Die beiden kinderlosen Schwestern ihrer Mutter nahmen Erna Bacher liebevoll auf, kümmerten sich um den Jungen Eduard und vermittelten ihm, die Gaben der Natur zu schätzen. Viel Zeit verbrachte der gelehrige Junge in der Küche bei den Tanten und beobachtete, wie sie die gesammelten Wildfrüchte zu Tee, Kuchenfüllungen und allerlei Naschwerk verarbeiteten.

Eduard war ein sehr ruhiger, aber fleißiger Schüler und hing sehr an den beiden Tanten, die ihn liebevoll umsorgten. Eduard besuchte die Volksschule in Bad Warmbrunn bis 1874. Von 1874 bis 1878 lernte er Koch im Kaiserhof Breslau.

In seinem Tagebuch, welches er mit 12 Jahren angefangen hatte, beschreibt er den Küchenalltag um 1874, er schildert die schweren Arbeiten in der Spülküche, das Scheuern der Riesentöpfe und der schwarzen Gußpfannen. Der Arbeitsalltag umfaßte täglich 16 bis 18 Stunden. Eduard Bacher erzählt auch von seinen ersten Hilfsarbeiten für die Köche in ihren blütenweisen Schürzen und den hohen gestärkten Mützen und schließlich von den ersten eigenen Kochversuchen, die vom strengen Schweizer Küchenchef Fred Ehrsam, der lange Jahre in Zürich in besten Hotels gearbeitet hatte, wohlwollend bewertet wurden.

Eduard Bacher entdeckte seine Leidenschaft für die Herstellung von Desserts. Er verarbeitete Naturprodukte, die ihm die Bauern aus der Umgebung etwas mitleidig lächelnd als kostenfreie Zugaben zu ihren Kartoffeln und dem frischen Gemüse dazupackten. Erst als Eduard Bacher den Küchenchef Ehrsam von seinen wundervollen Naturdesserts überzeugt hatte, fand die Geschäftsidee Beachtung. Die Bauernkinder mußten nun fortan körbeweise Vogelbeeren sammeln und fehlten den Bauern jetzt bei der täglichen Feldarbeit.

Der geschäftstüchtige Küchenchef Ehrsam vermarktete die Ebereschenprodukte inzwischen gewinnbringend.

1883 begann Ricarda Geißler (1860–1909) als zweite Bürodame im Hotel Kaiserhof in Breslau zu arbeiten. Die junge Frau aus Köln hatte nach dem Abschluß der höheren Büroschule auf Vermittlung eines Verwandten hin die Anstellung bekommen. Schon zu Beginn ihrer Tätigkeit fiel ihr der stille zweite Küchenchef auf. Besonders seine leckeren Obsttorten und Süßspeisen waren für Ricarda Geißler eine Gaumenfreude. Nach einem Frühlingsball im Jahre 1884 wurden sie ein Paar. 1885 heiratete Eduard Bacher die Hotelangestellte Ricarda Geißler. Einer der Hotelinhaber, der nette Herr Feigenspan, verhalf ihnen zu einer kleinen Wohnung in seinem Haus in der Wilhelmstraße.

Fünf Jahre nach der Heirat bekam Eduard Bacher, jetzt Küchenmeister, durch Vermittlung der Familie Feigenspan eine Küchenchefstelle in Bad Warmbrunn angeboten. Da auch Ricarda in Bad Warmbrunn Verwandte besaß, entschied sich das Paar rasch für diesen Ortswechsel.

Auch in Bad Warmbrunn war Eduard Bacher ein begehrter Küchenchef, der Naturprodukte in süße Köstlichkeiten verwandelte. 1909 starb seine Frau an einer Lungenentzündung und ließ ihn mit dem nun schon 7jährigen Sohn allein.

Der Junge, Reinhardt Bacher (1901–1979), Vater von August Bacher, meinem Gesprächspartner, wuchs von nun an in der Familie Feigenspan auf.

Der alte Herr, der damals der jungen Familie Unterkunft gewährte, hatte sich nach einer mißglückten Börsenspekulation erschossen und seine Familie mittellos zurückgelassen. Es sollte der Beginn einer wunderbaren Fügung sein, wie Erna Bacher heute warmherzig lächelnd erzählt.

Eduard Bacher trat 1924 die Stelle eines zweiten Küchenchefs im Kölner Erbprinzen-Hotel an, einem damals sehr renommierten Haus. Auch hier war Eduard Bacher bald aufgrund seiner gesunden Naturküche bekannt.

Die Verwandtschaft seiner verstorbenen Frau schenkte ihm 1932 ein Baugrundstück. Drei Jahre später war das Haus fertig, in dem mich die Bachers empfingen.

In Bad Warmbrunn indes avancierte Reinhardt Bacher zum Oberkellner und heiratete Ostern 1930 seine Kindheitsfreundin Leonore Feigenspan. Zu Weihnachten 1930 kam der Sohn August Bacher auf die Welt und als der Zweite Weltkrieg begann, lernte die Familie die Naturküche des Großvaters besonders zu schätzen. 1947 starb der Großvater Eduard Bacher, der in dem Kölner Haus allein wohnte. Nun zog der Sohn Reinhardt mit seiner Familie aus Schlesien nach Köln.

1951 stirbt seine Frau. Er beginnt die Veranstaltungen der schlesischen Heimatvereine zu besuchen. Dort trifft er zufällig auf eine Freundin aus früheren Tagen, die

liebenswürdige Brunnenbaumeisterwitwe Hertha Nolde, die wie er aus Bad Warmbrunn stammt. Er spricht die blonde Frau daraufhin an.

1954 heiraten Reinhardt Bacher und Hertha Nolde und die Kinder, die sich vom schlesischen Heimatverein bereits kannten und zufälligerweise zusammen in Frankfurt am Main studierten, finden ebenfalls zueinander. Von nun wohnten zwei Ehepaare in dem vom Ebereschenkoch Eduard Bacher erbauten Haus. Ebereschenbeeren sammelte man immer noch und bereitete daraus leckere Süßspeisen zu.

Rezepte für Ebereschen (Sorbus aucuparia)

EBERESCHENSAFT

☛ 2 kg Ebereschenbeeren waschen und von den Stielen befreien. Die Beeren durch die feine Scheibe eines Fleischwolfs drehen, mit 200 g Zucker verkneten und in einen Dampfentsafter geben. Diese Menge ergibt einen Liter reinen Ebereschensaft. Den Saft kochend heiß in heiß ausgespülte Flaschen geben. Sofort verschließen.

EBERESCHENGELEE

Aus dem Saft (siehe Rezept Ebereschensaft) kann auch Gelee hergestellt werden.

☛ 1 Liter Ebereschensaft auf die Hälfte einkochen. 300 g Zucker dazugeben und alles zu einem dickflüssigen Gelee kochen. Ein paar Tropfen Gelee auf eine kalte Untertasse geben und prüfen, ob das Gelee fest wird. Dann in kochend heiß ausgespülte Gläser füllen und steif werden lassen. Deckel fest darauf schrauben und erst in den Keller bringen, wenn die Gläser kalt sind.

Bad Warmbrunn, Kurhaus (l.) und Haus des »Hausfleiß-Vereins«

EBERESCHENMARMELADE

☛ Den Rückstand der dampfentsafteten Ebereschen durch ein Haarsieb passieren. In Gläser füllen, welche man ebenfalls kochend heiß ausgespült hat. Sofort Zellophan darüber geben und fest zubinden. Diese Marmelade dient zur Streckung von anderer Marmelade, die gekauft oder selbst hergestellt ist. Sie ist ebenfalls zur Verfeinerung von Wildfleischsoßen oder von Dessertspeisen verwendbar.

EBERESCHEN-BONBONS

☛ 500 g entstielte Ebereschen unter kaltem, fließendem Wasser reinigen, durch die feine Scheibe des Fleischwolfs drehen und mit 200 g Zucker vermischen. In einem Topf 10 Minuten erhitzen und oft umrühren. Durch ein Sieb streichen, noch mal 5 Minuten erhitzen, umrühren, bis die Masse eine zähe Paste ergibt.

Kochend heiß, etwa 1 cm dick, auf eine kalt abgespülte Porzellanplatte ausstreichen. Trocknen lassen und mit einem großen, schweren Kochmesser in kleine, ca. 1 cm große Würfel schneiden. In Zellophan verpacken und an einem kühlen Ort bis zum Verzehr aufbewahren.

EBERESCHENSUPPE MIT GRIESSTÜRMCHEN

☛ Etwa 1 kg Ebereschenmus mit ½ l Wasser verdünnen. Aufkochen und mit 100 g Zucker abschmecken. Einen gestrichenen Eßlöffel Weizenin oder Stärkemehl in etwas kaltem Wasser anrühren und in das leicht köchelnde Ebereschenmus geben.

¼ l Milch und 30 g Grieß und eine Prise Salz aufkochen. In kalt ausgespülte Eierbecher füllen, erkalten lassen und stürzen, in die Suppe geben.

EBERESCHENTORTE MIT BIRNEN

Teigzutaten:
300 g Weizenmehl • 15 g Hefe • ⅛ l Milch
30 g Margarine • 50 g Zucker • 1 Prise Salz

Belag:
200 g Ebereschenbeeren • 50 g Zucker
3 große, nicht zu harte Birnen

☛ Aus den Zutaten einen Teig herstellen, ausrollen. Springform fetten oder ölen. Mit ⅔ des Teiges den Boden der Springform auslegen.

Die Birnen schälen, Kerngehäuse entfernen, Birnen achteln. Ebereschenbeeren abzupfen, abwaschen und mit dem Zucker in einer Schüssel durchschütteln.

Dann den Teigboden mit Birnenachteln und Ebereschenbeeren belegen. Vom übrigen Teigdrittel lange Streifen formen und als Streifengitter über das Obst legen. 15 Minuten gehen lassen und dann eine gute halbe Stunde in der Röhre bei 150 Grad Mittelhitze backen.

Spezialitäten aus dem Riesengebirge von Wanderkoch Paul Jacob (1876–1940)

Das Stadtwappen von Hirschberg (angefertigt von Gustav Freidrich um 1935)

Auch Hertha Wunderlich (1915–2002), geborene Jacob, liebte das Riesengebirge. Als ich sie in Bad Brambach besuchte, fand ich die Wände ihrer kleinen gemütlichen Wohnung voller Bilder mit Motiven des Gebirges. In ihrem noch immer perfekten schlesischen Dialekt erzählte sie mir ihre Familiengeschichte.

Der Ursprung der Familie Jacob liegt im brandenburgischen Preußen. Aus beruflichen Gründen kam der Berliner Bergbauspezialist Richard Robert (1808–1889) um 1830 nach Hirschberg, um in der hiesigen Kohlengrube zu arbeiten. Als er Emilie Weimann (1812–1881) kennen lernte, die im Hause der Familie Henckel von Donnersmark als zweite Schlossköchin arbeitete, blieb er im schlesischen Hirschberg »hängen«. 1838 heirateten die beiden.

Sohn Eduard Robert, 1845 geboren, trat in die beruflichen Fußstapfen seiner Mutter und lernte bis 1865 im Hotel »Goldener Frieden« in Ober-Krummhübel den Beruf eines Kochs.

Er heiratete in das gut eingeführte Familienhotel Jacob ein und nahm den bekannten Namen bei der Heirat an. Auch sein Sohn Paul Jacob – wie konnte es anders sein – trat 1897 in Breslau eine Kochlehrstelle an. Sein erster Arbeitsplatz war das Hotel »Goldener Frieden« in Ober-Krummhübel, wo sich schon der Vater erste Sporen verdient hatte.

Als nach einem Unfall des Vaters das kleine Familienhotel aufgegeben werden musste, zog Paul Jacob als »Wanderkoch« durchs Riesengebirge – von Baude zu Baude. Er heiratete gleich nach Kriegsbeginn, 1915 wurden Zwillinge geboren, die beiden Töchter Elise und Hertha.

Aus dem Krieg zurückgekehrt, nahm Paul Jacob seine Wanderkochtätigkeit wieder auf. Bis 1938 war der mittlerweile sehr begehrte Koch im Riesengebirge unterwegs. Im Laufe dieser Wanderjahre entstand sein handgeschriebenes Kochbuch.

Beide Töchter blieben ledig, denn der Zweite Weltkrieg verhinderte eine Heirat. Die Eltern starben rasch hintereinander 1943.

1944 konnten beide Jacob-Töchter durch einen glücklichen Umstand Schlesien verlassen und in Halle bei Verwandten Fuß fassen. Ihnen blieben die traurigen Ereignisse, die viele Schlesier durchmachen mussten, erspart. Während Elise Jacob 1947 an den Folgen einer Lungenentzündung verstarb, heiratete Hertha Jacob 1950 den aus russischer Kriegsgefangenschaft heimgekehrten Kurt Wunderlich aus Chemnitz. Sie führte mit ihm bis zu seinem Tod 1986 eine glückliche Ehe.

Hertha Wunderlich bedauerte sehr, dass sie nicht mehr gemeinsam mit ihrem Mann ihre schlesische Heimat besuchen konnte. Das handgeschriebene Wanderkochbuch ihres Vaters hat mittlerweile einen würdigen Platz in meinem Archiv der handgeschriebenen Familienkochbücher gefunden.

Eduard Robert, später Jacob, 1845–1928

HIRSCHBERGER BIERFLEISCH

1,5 kg Wildschweinkeule, ausgelöst • 3 Zwiebeln
100 g Schmalz • 3 Scheiben Graubrot, getrocknet und gerieben
4 zerdrückte Knoblauchzehen • ½ l dunkles Bier
gemahlener Kümmel • Salz und Pfeffer nach Geschmack

Beilage: 1,5 kg festkochende Kartoffeln • 2 Zwiebeln
50 g Schmalz • 1 Bund Petersilie

☛ Wildschweinfleisch in haselnussgroße Würfel schneiden. Zwiebel in kleine Würfel schneiden, in einem breiten Topf die Zwiebelwürfel in Schmalz anschwitzen, das Fleisch dazugeben und kräftig anbraten. Geriebenes Graubrot mitrösten. Würzen mit Salz, Pfeffer, Kümmel und den zerdrückten Knoblauchzehen. Mit dem Bier ablöschen und das Fleisch darin 40 Minuten zugedeckt garen lassen. Kartoffeln schälen, abspülen und in 1 cm große Würfel schneiden. Petersilie hacken. Kartoffelwürfel kurz im Salzwasser aufkochen, abtrocknen. Schmalz in einer Pfanne auslassen, Zwiebelwürfel anschwitzen, die Kartoffelwürfel zufügen und braun braten. Mit Salz, Pfeffer und gehackter Petersilie vollenden.

HIRSCHRÜCKENSTEAKS MIT ZWIEBELMUS ÜBERBACKEN

4 Hirschrückensteaks, ausgelöst und entfettet
4 Knoblauchzehen, pellen und in Scheiben schneiden
Salz und Pfeffer • 12 zerdrückte Wacholderbeeren
50 ml Öl zum Braten • 40 g Butter
4 große Zwiebeln, in Streifen schneiden • 40 g Mehl
100 ml Schlagsahne • 100 ml Fleischbrühe (auch Instant)
1 Eigelb • 100 g Semmelmehl

☛ Die Hirschrückensteaks zuerst mit Salz, Pfeffer, Knoblauch und den zerdrückten Wacholderbeeren würzen. Dann das Fleisch im erhitzten Öl in einer Pfanne halbrosa braten, warm stellen.

Butter im Bratensatz zerlassen und die Zwiebelstreifen dazugeben und richtig durchschwitzen. Mit Mehl bestäuben und mit Sahne und der Brühe auffüllen. Zu einem dicklichen Brei einkochen und dann durch ein Sieb streichen, das Eigelb und das Semmelmehl unterkneten. Die Steaks auf eine Platte geben und mit der Masse einstreichen, so das alles bedeckt ist. Im vorgeheizten Grill bei 250 Grad überbacken.

REHKEULE
NACH SCHLESIERHAUS-ART

1 Rehkeule, hohl ausgelöst und entfettet • Salz und Pfeffer
zerstoßene Wacholderbeeren

Füllung:
1 Zwiebel, fein gewürfelt • 50 g Butter • 50 ml Schlagsahne
4 Brötchen, fein gewürfelt • 1 Apfel, schälen, entkernen und fein würfeln
20 Stück Rosinen, einweichen • 1 Ei • 1 TL gehackte Petersilie
Majoran • Salbei • Thymian

☛ Zwiebelwürfel in Butter glasig schwitzen, die Sahne dazugeben und dick kochen lassen. Die Brötchenwürfel, die Apfelwürfel, die Rosinen, das Ei und die gehackte Petersilie sowie je eine Prise Majoran, Thymian und Salbei in eine Schüssel geben und gut vermengen. Die Zwiebel-Sahne-Masse darüber geben und gut vermengen.

Die Rehkeule mit kaltem Wasser ausspülen und trockentupfen, dann mit Wacholderbeeren, Salz und Pfeffer kräftig innen und außen einreiben. Die Füllung hineindrücken und mit einem Küchenbindfaden die gefüllte Rehkeule wie ein Paket fest verschnüren. Im vorgeheizten Backofen bei 160 Grad 70 Minuten lang garen.

Die Rehkeule am Tisch zerteilen.

Die Arbeitsstelle Paul Jacobs 1929: die Schneegrubenbaude

SCHLESISCHE HONIGCREME

Dieses köstliche Dessert ist nicht nur im Wanderkochbuch von Paul Jacob zu finden, sondern auch in vielen anderen handgeschriebenen schlesischen Familienkochbüchern.

60 g Zucker • 100 g Honig, am besten Waldhonig
Öl zum Ausstreichen der Förmchen • 1 Ei • 40 g feine Speisestärke
½ l Milch • ½ TL Vanillezucker

Familienfeier bei Familie Jacob in Hirschberg um 1920

☛ 50 g Zucker in einem kleinen Topf schmelzen lassen und den Honig dazugeben. Einen Esslöffel Wasser dazu und alles gut durchkochen lassen. Den Boden der Förmchen (oder Kaffeetassen) mit dem Öl einpinseln. Die Honig-Zucker-Masse in die Förmchen füllen, ca. ½ cm hoch. Den Rest der Masse aufheben.

Das Ei trennen. Eigelb und Stärke in ⅛ l Milch anrühren. Den Rest der Milch mit dem übrigen Zucker und dem Vanillezucker zum Kochen bringen. Die angerührte Stärke in die kochende Milch geben und alles ganz kurz aufkochen lassen. Beiseite stellen. Das Eiweiß zu steifem Schnee schlagen und unter die aufgekochte Milch heben. Die Creme in die Förmchen füllen und erkalten lassen.

Die Förmchen kurz ins heiße Wasser stellen und die Honigcreme auf flache Teller stürzen, die restliche Honig-Zucker-Masse darauf geben.

Hertha Wunderlich hat die Honigcreme oft zubereitet, vor allem ihre Gäste damit überrascht. Ganz wichtig für das Gelingen der Creme ist der verwendete Honig. Sie selbst bevorzugte immer den Waldhonig mit seinem feinen Aroma, den sie auch nur direkt von ihrem Imker bezog.

GESCHMORTE REHKEULE MIT BACKPFLAUMEN

1 Rehkeule, entbeint, ohne Knochen und entfettet
20 Backpflaumen • 50 g Speck • 80 g Schmalz • 100 g Zwiebeln
1 Stange Porree • 1 Sellerieknolle • 1 Möhre
40 g Mehl • 100 ml saure Sahne • Salz und Pfeffer nach Geschmack

Beize:

0,4 l Rotwein, trocken • 2 EL Essig
½ l Wasser

☛ Rehkeule 3 Tage vor dem Zubereiten in die Beize in einem hohen Topf einlegen. 1 Tag vor der Zubereitung die Backpflaumen in Wasser einweichen.

Am Kochtag die Keule aus der Beize nehmen und trockentupfen, dann im heißen Speck und Schmalz rundherum schön anbraten, damit sich eine braune Kruste bildet. Das Gemüse schälen und kleinschneiden, dann mit in den sich schon gebildeten Bratenfond geben. Die Keule in die Röhre geben und mindestens 60 Minuten bei 180 Grad Ober- und Unterhitze schmoren lassen, mit dem Bratenfond und der Beize immer wieder begießen.

Wenn die Keule gar ist, herausnehmen, in Alufolie einwickeln und in die ausgeschaltete Röhre legen. Das Soßengemüse durch ein Sieb streichen und an die Soße geben. Die Backpflaumen aus dem Wasser nehmen und der Soße zufügen, 5 Minuten mitkochen. Das Mehl in die saure Sahne rühren und damit die leicht köchelnde Soße binden, aufkochen lassen und mit Salz und Pfeffer abschmecken.

Wildgerichte von Martha Weichler aus Grüssau

Martha und Gustav Weichler um 1900

Die Familie Weichler stammt aus dem Gebiet um Grüssau, heute polnisch Krzeszow, im Ziedertal des Riesengebirges, wo die Weichlers einen kleinen Bauernhof besaßen. Hier lernte die junge Apothekengehilfin Hildegard Weichler 1910 den Leutnant Edgar Friedrich Klug kennen. Anfangs wohnte das junge Paar bei Hildegards Eltern auf dem Bauernhof. 1914 zog die Familie nach Breslau, in die Nähe der Bernhardinkirche, weil der inzwischen zum Offizier beförderte Edgar Friedrich Klug dort eine Arbeit in der Reichswehrkommandantur zugewiesen bekam.

Die Mutter, Martha Weichler (1864–1932), schloss sich dem jungen Paar an, denn ihr Mann, Gustav Weichler (1866–1914), war bei Bauarbeiten vom Gerüst

gefallen und verstorben. Marthas Schwester, die schon länger verheiratet war und mehrere Kinder hatte, übernahm mit ihrem Mann den kleinen Hof.

Martha Weichler fand in der Sorge um die junge Familie einen neuen Lebensinhalt. Sie kümmerte sich um den Haushalt und verwöhnte Schwiegersohn und Tochter mit ihrer echt schlesischen Küche. 1916 kam in Breslau Hildegard Klug auf die Welt, herzlich willkommen geheißen von ihrer Großmutter. Liebevoll betreute und erzog sie ihre Enkeltochter. 1929 fing die damals 13jährige Hildegard an, die Rezepte der Großmutter aufzuschreiben. Entstanden ist ein beeindruckendes Familienkochbuch, das viele gute Rezepte für Wildspezialitäten enthält.

Oft fuhr die Familie zu Besuch auf den Bauernhof in Grüssau. Der Vater Klug ging dann gern auf die Jagd und die Großmutter verstand es meisterlich, aus dem erlegten Wild köstliche Gerichte auf den Tisch zu bringen. Als Edgar Klug in Frankreich im Feld war, schrieb er oft, dass die Heeresköche das von ihm geschossene Wild nicht so gut verarbeiten könnten wie seine Schwiegermutter Martha Weichler.

Heute lebt Hildegard Merz mit ihrem Mann, den sie erst 1946 kennenlernte, und dessen Kindern in Gießen an der Lahn. Trotz ihrer 86 Jahre erinnert sie sich noch sehr gut an Grüssau und das von dort stammende Kirchenlied »Sei gegrüßt, Du Gnadenreiche«. Über all die Jahre hat sie das Familienkochbuch aufbewahrt.

HASENBRATEN NACH GROSSMUTTERS ART

1 Hasenrücken im Stück, 2 Hasenkeulen (zusammen etwa 1 kg)
1 l Buttermilch • Salz und Pfeffer • 10 Wacholderbeeren
10 Pfefferkörner • 1 Prise Thymian, gehackt • 100 g Speck, fett
50 g Butter • 1 EL Weizenmehl • 1/8 l saure Sahne

☛ Den Rücken und die Keulen abspülen und trockentupfen. In Buttermilch einlegen und zugedeckt an einem kühlen Ort 2 Tage marinieren lassen. Am günstigsten ist es, dafür eine große Schüssel aus Porzellan zu verwenden. Das Hasenfleisch aus der Buttermilchbeize nehmen und abtupfen, nicht abspülen.

Die Wacholderbeeren und die Pfefferkörner zerstoßen und mit dem Pfeffer, Thymian und Salz zusammen mischen. Den Speck in lange, spitze Keile schneiden und auf einer Untertasse kalt stellen. (Es empfiehlt sich heute, die

Speckstreifen für eine halbe Stunde in die Kühltruhe zu stellen.) Den Rücken mit dem Speck spicken. Die Butter in einem breiten Topf erhitzen und darin erst den Rücken rundherum schön braun anbraten, dann die Keulen dazugeben. Das Fleisch bei mittlerer Hitze ½ Stunde braten, in der Zeit immer wieder drehen. Die hier erforderliche Geduld lohnt sich, denn hier wird das Fundament für eine gute Soße gelegt!

Den Hasenrücken herausnehmen, in Alufolie einwickeln, denn das Rückenfleisch ist schneller gar als das Keulenfleisch. Die Gewürze jetzt hinzugeben und die Keulen zugedeckt weitere 45 Minuten schmoren lassen, immer etwas Wasser zugießen. Die Keulen dann ebenfalls in Alufolie wickeln und zusammen mit dem Rücken am besten in der warmen Ofenröhre bei 50 Grad aufbewahren.

Den Soßenfond mit dem in der sauren Sahne angerührten Mehl binden, alles noch einmal gut durchkochen und wenn nötig mit Salz und Pfeffer abschmecken.

Den Rücken und die Hasenkeulen von den Knochen befreien und in Stücke schneiden. Die Soße durch ein Sieb streichen und über das Fleisch geben. Dazu gab es immer Preiselbeeren, Selleriesalat und Schlesische Mehlklöße.

SCHLESISCHE MEHLKLÖSSE

¼ l Milch • 2 EL Butter
dazu etwas Butter zum Bestreichen der Serviette
1 Prise Salz • 150 g Weizenmehl • 6 Eier

☛ Milch mit Butter und Salz aufkochen, das Mehl dazugeben. Die Masse solange unter Hitze rühren, bis sich ein Kloß vom Topfboden trennt. Etwas erkalten lassen. Die Eier einzeln trennen. Jedes Eigelb einzeln unter die Masse schlagen. Das Eiklar richtig steif schlagen und ebenfalls unter die Masse geben.

Einen großen Topf mit Salzwasser zum Kochen bringen. Eine saubere große Tischserviette aus Leinen brühen, auswringen, auf dem Tisch ausbreiten und mit etwas Butter bestreichen. Den Teig im Klumpen auf die Serviette legen. Die Serviette großzügig zubinden, damit der Teig Platz hat sich auszudehnen. Den Mehlkloß 1 gute Stunde im leicht siedenden Salzwasser leicht kochen lassen. Den Kloß in Scheiben geschnitten servieren.

Hasenjagd in Frankreich im November 1915:
Offiziere und Treiber präsentieren stolz die zur Strecke gebrachte Beute

REBHÜHNER MIT LINSENGEMÜSE UM 1930

250 g Linsen • 100 g Porree • 150 g Möhren
4 Gewürznelken • 1 Lorbeerblatt • 150 g Speck
4 Rebhühner à 200 g, ausgenommen
2 Zwiebeln, achteln • ¼ l Weißwein, trocken
¼ l Brühe (auch Instant) • 100 g Crème fraîche
Salz und weißer Pfeffer nach Geschmack

☛ Linsen einen Tag zuvor in kaltem, klarem Wasser einweichen und quellen lassen. Porree und Möhren in feine Würfel schneiden. Nelken und Lorbeerblatt dazugeben und zusammen mit den Linsen im Einweichwasser bissfest garen. Vorsichtig salzen.

Breslau, Liebichshöhe um 1930

Rebhühner innen und außen mit Salz und Pfeffer einreiben und in Speckwürfeln anbraten. Die Zwiebelachtel dazugeben und die Rebhühner in der Backröhre bei 200 Grad eine gute halbe Stunde braten lassen. Dann erst den Weißwein und die Brühe dazugeben und die Rebhühner eine weitere halbe Stunde bei 175 Grad schmoren lassen. Den Schmorfond mit der Crème fraîche binden und durch ein Sieb passieren.

Auf die Teller zuerst die Linsen geben, dann die Soße und darauf die Rebhühner anrichten. Damit die Rebhühner schön knusprig sind, gibt man sie kurz vor dem Anrichten noch einmal unter den eingeschalteten Grill.

HIRSCHKEULE NACH WEICHLERS ART

1 Hirschkeule (ausreichend für 8 bis 12 Personen)
5 Knoblauchzehen • 1 Flasche Rotwein, möglichst trocken
200 g Speck, fett, in große, dünne Scheiben schneiden
40 g Butter • 1 große Zwiebel • 1 EL gehackte Petersilie
2 Möhren • 1 Sellerieknolle • 2 kleine Tannenzweige
5 Wacholderbeeren • 5 Pfefferkörner
4 TL Preiselbeeren

☛ Die Keule vorsichtig waschen und trockentupfen. Die Keule mit den Knoblauchzehen spicken. Dann die Keule in eine große Schüssel geben und mit dem Rotwein begießen.

2 Tage sollte die Keule im Kalten stehen und öfter gedreht werden. Aus dem Rotwein nehmen und abtupfen, in einem Bräter die Butter bräunen und die Keule darin rundherum braun anbraten.

Die grob geschnittene Zwiebel und das Gemüse dazugeben. Die zerdrückten Pfefferkörner und Wacholderbeeren ebenfalls dazugeben.

Den Bräter dann 3 Stunden bei 200 Grad in die Backröhre stellen, öfter etwas Wasser und Rotweinmarinade angießen und die Hirschkeule immer wieder drehen. Die Keule erst nach dem Braten salzen und im abgestellten Backofen warm halten. Den Bratenfond in einen kleineren Topf durch ein Sieb gießen.

Die Soße mit den kleingehackten Tannenzweigen und den Preiselbeeren noch einmal aufkochen.

Das Breslauer Stadttheater um 1930

HÄHNCHENBRUST AUF ROTEN NUDELN

Dieses Gericht ist eine Überlieferung aus Grüssau und wurde oft im großelterlichen Haushalt gekocht. Besonders gern aß es Edgar Klug.

4 Hähnchenbrüste • Salz • Pfeffer
1 EL Mehl (zum Bestäuben der Hähnchenbrüste) • 2 EL Öl
50 ml Weißwein, trocken • 1 Zwiebel • 100 ml Schlagsahne

Nudelteig: 100 g Rote Beete, gekocht und geschält
1 Ei • 200 g Weizenmehl • 1 Prise Salz

☛ Rote Beete fein würfeln, mit dem Ei pürieren, mit Mehl und Salz zu einem Teig verkneten. Zur Kugel formen und kaltstellen. Mit der Nudelmaschine dünne Nudeln rollen. In Salzwasser garen. Hühnerbrüste mit Mehl bestäuben, salzen und pfeffern. In Öl beidseitig anbraten und warm stellen, den Bratfond mit Weißwein ablöschen und die fein geschnittene Zwiebel dazugeben. Schlagsahne dazugeben und alles noch einmal verkochen. Auf den Tellern die Nudeln anrichten, die Hühnerbrustscheiben darauf anrichten und mit der Soße übergießen.

Bad Warmbrunn, um 1920

WILDSCHWEINWURST IM GLAS – BRESLAU UM 1930

Diese Rezeptur hat eine eigene kleine Geschichte. Um 1930 ging man nicht mehr so oft auf die Jagd. Eine Ausnahme bildete das Wildschweinschießen, da sich die Wildschweine sehr vermehrt hatten. Auf den Sportplätzen, Übungsplätzen und den umliegenden Feldern der Rittergutsbesitzer waren die Reichswehroffiziere gern gesehene Gäste. Martha Weichler ließ ihre Tochter oft beim Wurstherstellen in Grüssau zuschauen und so wandelte Hildegard Klug das Rezept einfach in Wildschweinwurst um. So mancher geschossene Keiler wurde in der Wohnküche in Familienarbeit zu Wurst verarbeitet, um einige Vorräte für den drohenden Krieg zu schaffen.

1 kg Schwarten
4 kg Schweinebauch (vom Wildschwein)
2 kg Schweineleber (vom Hausschwein)
1 kg Zwiebeln • 1 kg Schweineschmalz (Fett kaufen)
10 Brötchen, ca. 500 g Gesamtgewicht
3 gehäufte EL Thymian • 5 gehäufte EL Majoran
20 zerstoßene Wacholderbeeren
Salz und Pfeffer nach Geschmack

☛ Die Schwarten und den Schweinebauch in kochendes Salzwasser geben und mindestens 2 Stunden köcheln lassen. Die gut gespülte und abgetrocknete Leber in 2 x 2 cm große Würfel schneiden. Die gekochten Schwarten und den Schweinebauch in 1 cm lange Streifen schneiden.

Die Brühe aufheben. Die Zwiebeln schälen, abspülen und in feine Würfel schneiden. Im Schweineschmalz die Zwiebelwürfel glasig braten. Keine Farbe nehmen lassen. Über ein Sieb geben und das Schmalz abtropfen lassen. Die Brötchen in heißer Brühe einweichen, dann ausdrücken. Alles durch den Fleischwolf drehen. Mit Majoran, Thymian und den anderen Gewürzen richtig herzhaft abschmecken.

Diese Masse in kochendheiß ausgespülte Gläser füllen und fest verschließen. Im Wasserbad im Backofen bei 200 Grad 25 Minuten einkochen.

Die Kynsburg bei Kynau, um 1930

Schankwirtrezepte der Familie Kohler aus Kynau, um 1900

Die Familie Kohler aus Köln schrieb mir einen ganz lieben Brief und lud mich zu sich ein. Man bot mir liebenswürdigerweise an, aus dem Nachlaß des Urgroßvaters etwas für mein neues Schlesien-Familienkochbuch herauszusuchen.

An einem heißen Juniwochenende 2008 machte ich mich auf den Weg und wurde sehr nett in Köln empfangen. Die Eheleute Kohler reisen heute noch oft in ihre alte Heimat. Die Ehefrau Renate schwärmt von der landschaftlich schönen Gegend, während wir uns Lichtbilder der Schlesiertalsperre zwischen Kynau und Breitenhain anschauen.

Hoch über dem Wasser thront immer noch die sagenumwobene Kynsburg. Hier suchte ihr Mann Siegfried Hermann Kohler als zehnjähriger Junge nach dem von vielen vermuteten Goldschatz, hob Löcher aus und bohrte so manche Mauer und Säule an.

Siegfried Hermann Kohler erinnert sich noch sehr genau, daß ihn sein Großvater oft in die Natur schickte, um Flieder zu holen. Der Großvater stellte daraus tolle

Urgroßvater Hermann Kohler (1872–1943) *Großeltern Martha und Eduard H. Kohler*

Desserts, Kuchen und Tees her und bot diese Köstlichkeiten in seiner Gastwirtschaft an. Die Gäste, vor allem aus Breslau, die in der Sommerfrische in Kynau, Goldwald, Burkersdorf oder der nahen Stadt Schweidnitz weilten, kamen extra wegen dieser hausgemachten Spezialitäten zu ihm. Ein paar der schönen Fliederrezepte habe ich aufgeschrieben.

Die Geschichte der Familie Kohler beginnt mit dem Urgroßvater, Hermann Kohler, der in Breslau als dritter Sohn des Stadtpolizisten Gustav Kohler am 3. März 1872 geboren wurde. Nach dem Besuch der Schule konnte er im Jahre 1889 als Koch in der Breslauer Domwirtschaft eine Lehre beginnen. 1892 wurde Hermann Kohler als Koch beim Kynauer Wirt Adolf Nimtsch beschäftigt und ging 1900 als Küchenchef in die »Saaleplantagen« nach Halle an der Saale.

In Halle heiratete er Augustine Hermansfelder (1873–1912) und gründete eine Familie. Der einzige Sohn, Eduard Hermann Kohler, wurde 1902 in Halle geboren.

Nachdem Hermann Kohler senior mit einer eigenen Gaststätte »Zur Traube« 1911 in Halle in Konkurs ging, entschied er sich, gemeinsam mit seiner Familie,

Die Schwestern Bertha Jacobi, geb. Kohler, und Amelie Kohler

seinen Schwestern und seinem Schwager nach Kynau (heute polnisch Zagórze Śląskie) zurückzukehren.

Er arbeitete wieder in der Küche beim Kynauer Gastwirt Nimtsch. Seine beiden Schwestern Bertha Jacobi, geborene Kohler (1876–1939), und Amelie Kohler (1871–1949) unterstützten ihn gern und pflegten die von Hermann Kohler praktizierte Naturküche.

Flieder war ein Hauptprodukt in der bodenständigen Küche, die in den Gastwirtschaften von Adolf Nimtsch rund um Kynau angeboten wurde. Hermann Kohler erarbeitete ein Rezeptbuch für die Veröffentlichung, ging jedoch einem windigen Breslauer Verleger auf den Leim und verlor dadurch seine gesamten Ersparnisse.

Erst nach jahrelangen Auseinandersetzungen gelang es einem Freund seiner Kochkunst, dem Verleger Korn aus Breslau, das Fliederkochbuch-Manuskript zurückzuholen.

Sohn Eduard wurde wie der Vater Koch und lernte im renommierten Breslauer Hotel Krone. 1924 kehrte er als Jungkoch nach Kynau zurück und fand in dem beliebten Touristenort sofort Arbeit. Auch Eduard Kohler fand Gefallen an den Fliederspeisen seines Vaters.

Das Kohler-Haus in Kynau, um 1940

Der junge Koch heiratete am 12. März 1933 die Kellnerin Martha Scheinburg. Genau ein Jahr nach der Hochzeit kam Siegfried Hermann Kohler auf die Welt, mein Gesprächspartner.

An die Vertreibung aus seiner Heimat im Jahre 1946 kann er sich noch gut erinnern. Auch daran, wie man in Kynau die umliegenden Herrenhäuser und Schlösser plünderte und an den würdelosen Umgang mit der Bevölkerung. Kindheitserinnerungen fallen ihm ein und die alten Küchenrezepte. Das Rezeptbuch, das immer noch in der Familie existiert, wird gehütet wie ein Schatz – es ist ja das letzte Vermächtnis des Urgroßvaters und des Großvaters. Beide haben darin ihre Rezepte notiert.

Es war einfach eine schwere Zeit, sagt Siegfried Hermann Kohler heute und seine Frau Renate, die aus Ostpreußen, aus der Gegend um Königsberg stammt, pflichtet ihm bei.

Von Zeit zu Zeit fahren die Kohlers nach Kynau. Das Elternhaus steht noch und ist in gutem Zustand. Bei diesen Besuchen gehen sie auch immer auf die Kynsburg. Sie befindet sich in einem bedauernswerten Zustand. Die Initialen »SHK« für Siegfried Hermann Kohler sind jedoch noch gut erkennbar. Siegfried glaubte damals, in einem Pfeiler den von allen Schatzsuchern vermuteten Goldschatz gefunden zu haben. Leider bestand der gefundene Schatz nur aus alten eingemauerten Eisenteilen.

KOHLERS FLIEDERBLÜTENWEIN
REZEPT UM 1910
- Originalversion -

Am frühen Morgen werden die Fliederblüten abgezupft und sofort einmal abgewaschen, dann auf einem großen Leinentuch getrocknet, aber nicht in direkter Sonne.

2 kg Fliederblüten (die groben Stengel entfernen)
3 l abgekochtes, kaltes Wasser • ½ l Weißweinessig
1 Zitrone • 1 kg ganz feiner Zucker

☛ Nimm dir einen Steinguttopf, spüle ihn mit kochendem Wasser aus und reibe ihn trocken! Gib die Fliederblüten hinein. Gieße das kalte, aber abgekochte Wasser sowie den Essig über die Fliederblüten und schneide die Zitrone, nachdem du sie vorher heiß abgewaschen und trocken gerieben hast, in ganz dünne Scheiben. Die Zitronenscheiben auf die Fliederblüten legen und den Zucker dazugeben. Alles gut vermengen. Binde den Topf mit einem Leinentuch zu und stelle ihn in den kühlen Keller. Am günstigsten steht der Topf da, wo die kalte Luft am besten hinkommt. Schau jeden Tag nach dem Topf und rühre mit einem Holzlöffel um!

Am achten Tag wird der Fliederblütenwein durch ein Küchensieb gegeben und dann durch ein Leinentuch. Die Flaschen werden heiß ausgespült, sofort befüllt und dann mit einem Gummistopfen verschlossen. Der Fliederblütenwein muß sorgfältig mindestens 4 Wochen beobachtet werden. Bilden sich die ersten Bläschen in den Flaschen, muß der Wein getrunken werden. Sonst wird er durch die Gärung zu sauer.

KOHLERS WALDHIMBEERROLLE AUF FLIEDERSCHAUM, UM 1930

300 ml Fliederblütenwein

Biskuitboden:
3 Eier • 1 Prise Salz • 80 g Weißzucker
1 Zitrone • 80 g Weizenmehl, fein

Füllung:
500 g Himbeeren, am Morgen pflücken • 3 EL Zucker • Zitronensaft
125 g Frischkäse, feinkörnig • 150 g Schlagsahne, steif geschlagen
1 TL Speisestärke (Mondamin) • 1 EL Puderzucker
einige extra große Himbeeren für die Garnitur

☛ Den Fliederblütenwein auf ein Drittel einkochen und kalt stellen. Für den Biskuitboden ein Backblech mit Backpapier belegen. Den Backofen auf 230 °C vorheizen. Das Eiweiß der 3 Eier mit Salz steif schlagen. Den Zucker dazugeben und weiter schlagen, bis die Masse glänzt. Alle Eigelb und etwas abgeriebene Zitronenschale dazugeben und wieder schlagen. Dann das feine Mehl darüber stäuben und alles vorsichtig unterheben.

Die Masse auf das Backpapier einen halben Zentimeter dick gleichmäßig aufstreichen. Fünf Minuten im Ofen backen und dann auf ein zweites Backblech stürzen.

Auf das Backpapier ein feuchtes Tuch legen und das Backpapier mit dem feuchten Tuch abziehen. Jetzt das Backblech sofort wieder auf den Biskuitteig legen und beiseite stellen. Dadurch hält sich der Biskuitteig formbar.

Für die Füllung die Himbeeren pürieren, dazu die 3 EL Zucker und 1 EL Zitronensaft und dann die Hälfte des Frischkäses und die steif geschlagene Schlagsahne vorsichtig miteinander vermischen. Sehr kalt stellen, die Füllung kann leicht anfrieren.

Den gebackenen Biskuitteig mit der Füllung bestreichen und sofort vorsichtig zusammenrollen. Mit einer Klarsichtfolie fest einrollen und nochmals 2 Stunden kühl stellen.

Jetzt den Fliederschaum herstellen: Dafür den Fliederblütenwein nochmals aufkochen und mit der in etwas kaltem Wasser angerührten Speisestärke binden.

Die Flüssigkeit nochmals aufkochen und mit einem Schneebesen im kalten Wasserbad aufschlagen. Die andere Hälfte des Frischkäse dazugeben und alles kräftig schaumig schlagen. Auf große, flache Teller streichen.

Die Himbeerrolle in Stücke schneiden und auflegen. Die großen Himbeeren in Puderzucker wälzen und als Garnitur anlegen.

KOHLERS »LILA« FLIEDERDICKSAFT

2 l Wasser • 2 kg Zucker
2 kg Fliederblüten, am Nachmittag gesammelt
3 Zitronen

☛ Das Wasser aufkochen und 1 kg Zucker hineingeben. Gut durchkochen lassen. Die am Nachmittag gepflückten lila Fliederblüten in das noch warme Wasser geben und die in Scheiben geschnittenen Zitronen dazugeben. Alles 3 Tage stehen lassen.

Den Saft nach dieser Zeit wieder in einen Topf geben und das zweite Kilogramm Zucker dazugeben. Alles auf die Hälfte einkochen lassen. Den Saft in heiß ausgespülte Flaschen füllen und gut verschließen.

Man sollte den Dicksaft in einem viertel Jahr verbrauchen, weil er sonst an Geschmack verliert.

Dieser Dicksaft wurde besonders gern für Cremes und Puddings verwendet.

Selma Groß als Sprechstundenhilfe (vorn rechts), 1920
Dieses einzige erhaltene Foto von Selma Groß wurde bei einem Frühlingsausflug der Frankensteiner Stadträte aufgenommen.

Hausrezepte von Selma Groß aus Frankenstein

Die Geschichte der Schlesierin Selma Groß beginnt – wie viele der schlesischen Familiengeschichten – mit der Lebensbeschreibung der Vorfahren aus dem 19. Jahrhundert. Ihre Nichte Erika Geßner, heute selbst hochbetagt, erzählte sie mir.

Selmas Vater Otto Groß stammte aus Altenburg, seinerzeit ein Zentrum der Hutmacherindustrie, und arbeitete als Facharbeiter in einer Hutfabrik. Er erhielt das Angebot, in Frankenstein (pol. Zabkowice Śląskie) als Saalaufseher einer Hutfabrik zu arbeiten. Im Januar 1886 trat er die Stelle dann an. In Frankenstein lernte er auch Elisabeth Reusner kennen und das Paar heiratete im Frühjahr 1887 in der Pfarrkirche St. Anna.

Die Pfarrkirche wurde im 14. Jahrhundert erbaut und zählt heute zu den Sehens-

Unteroffiziersschule in Frankenstein, 1920

würdigkeiten der Stadt. Die Kirche wurde mehrmals umgebaut und erweitert. Die farbig gefassten Schnitzfiguren (Hl. Anna, Pietá, Madonna mit Kind) entstanden um das Jahr 1500.

Der nordöstlich der Kirche stehende Schiefe Turm aus dem 15. Jahrhundert ist das Wahrzeichen der Stadt.

Selmas Mutter Elisabeth Groß (geb. Reusner) war als gute Köchin bekannt. Das Kochen hatte sie von ihrer Mutter gelernt, die viele Jahre Hausköchin des Frankensteiner Bürgermeisters gewesen war. In der Ehe von Otto und Elisabeth Groß wurden nach Selma (geb. 1887) noch drei weitere Mädchen geboren. 1902 starben die Mutter und das fünfte Mädchen bei der Geburt.

Die zu diesem Zeitpunkt fünfzehnjährige Selma Groß mußte nun die Mutter ersetzen, führte den Haushalt und war für die Erziehung ihrer drei Schwestern verantwortlich. Durch die erneute Heirat des Vaters 1912 war die Familie versorgt und mit 25 Jahren konnte Selma nun ihre eigenen Wege gehen. Bei einem Frankensteiner Landarzt arbeitete Selma zunächst als Sprechstundenhilfe.

Von Frankenstein in Richtung Breslau liegt das Wallfahrtsstädtchen Wartha (polnisch Bardo), es wird von der doppeltürmigen Wallfahrtskirche überragt. Blickfang der Kirche ist die gewaltige Orgel mit über 3000 Pfeifen. Pilger interessieren sich vor allem für die 42 cm kleine Marienfigur, die schon im Mittelalter verehrt wurde.

Das Kloster auf einem Hügel über der Stadt wurde in den 1930er Jahren als Noviziat der Breslauer Marienschwestern gebaut. Heute dient es als Kinderheim. Die katholische Schwesterngemeinschaft der Breslauer Marienschwestern wurde 1863 zum Schutz weiblicher Hausangestellter, zur Krankenpflege und Kinderfürsorge gegründet.

Im Noviziat der Marienschwestern verbrachte Selma Groß einige Zeit und vertiefte ihr medizinisches Wissen theoretisch und praktisch. Sie arbeitete bis 1928 als Sprechstundenhilfe. Auch in der Zeit ihres Noviziates in Wartha notierte Selma Groß ihre Lieblingsrezepte in das Rezeptbuch, welches sie von ihrer Mutter übernommen hatte.

1928 lernte die 41jährige Selma Groß den Leipziger Reichswehrhauptmann Gustav Möllter bei einem Stadtfest nahe der Burgruine Frankenstein kennen und zog mit ihm 1930 nach Leipzig. Hier führte sie den Haushalt des verwitweten Mannes, betreute und kümmerte sich liebevoll um seine drei Söhne.

Es fiel ihr schwer, den Vater allein in Frankenstein zurückzulassen, denn die drei Schwestern hatten ebenfalls bereits das Elternhaus in Frankenstein verlassen und lebten inzwischen in Mitteldeutschland.

Gustav Möllter verunglückte 1933 auf der Jagd tödlich. Die drei Söhne kamen bei Verwandten des Vaters unter und Selma benötigte lange, bis sie den großen Verlust verwunden hatte.

Bis 1947 lebte Selma Groß in Leipzig und Umgebung und arbeitete in verschiedenen Kinderheimen. Nach wie vor kochte sie gern und hielt sich an die Rezepte aus dem handgeschriebenen Kochbuch ihrer Mutter, welches sie über die Jahre weiter ergänzt hatte.

1942 holte sie den Vater zu sich und sie bewohnten gemeinsam eine Wohnung in Leipzig-Plagwitz. Geschwächt durch verschiedene Infektionskrankheiten und die schlechte Ernährung in der Nachkriegszeit starb Selma Groß 1947 im Alter von nur 60 Jahren. Der Vater lebte noch zwei Jahre allein in der Leipziger Wohnung. Er verstarb 97jährig im kalten Januar 1949.

Das Familienkochbuch ist im Familienbesitz geblieben. Erika Geßner stand in engem Kontakt zu ihrer Tante Selma Groß, besuchte sie bis zu ihrem Tod und übernahm das Kochbuch. An die hier ausgewählten drei Rezepte erinnert sie sich noch sehr lebhaft, ebenso an die Besuche beim Großvater in Frankenstein und die Spaziergänge zur romantischen Burgruine.

SCHLESISCHER APFELKUCHEN NACH SELMA GROSS

Zutaten für ein großes Blech

Boden:
200 g Butter (zerlassen) • 400 g Weizenmehl
1 Päckchen Backpulver • 200 g Zucker

Belag:
2 Päckchen Vanillepudding
(½ l Milch und Zucker für den Pudding)
300 g Butter • 300 g Zucker • 5 Eier • 5 EL Grieß
2 Päckchen Vanillezucker • 1 kg Quark
500 g Äpfel (nicht zu reif und zu süß)
200 g Rosinen (in Wasser einweichen)
2 EL Puderzucker

☛ Die Zutaten für den Boden (die Butter am Herdrand in einem Tiegel zerlaufen lassen) miteinander zu einem glatten Teig vermengen, auf ein gefettetes Blech geben und zu einem Boden ausdrücken. Mit einem Tuch bedecken und stehen lassen, anschließend die Apfel-Puddingmasse zubereiten.

Für den Belag ein Päckchen Vanillepudding (nach Packungsanweisung) kochen und erkalten lassen.

Die erhitzte Butter mit dem Zucker vermischen, Eier trennen und das Eigelb zu Butter und Zucker dazugeben. Grieß und das zweite Päckchen Puddingpulver sowie den Vanillezucker dazugeben und alles vermengen. Jetzt den erkalteten Pudding und den Quark untermischen. Das Eiweiß steif schlagen und auch unterheben.

Äpfel schälen und achteln. Den Boden mit Apfelstücken belegen und die eingeweichten, abgetropften Rosinen darüberstreuen. Jetzt die Masse über die Äpfel gießen und breit streichen.

Bei Umluft bei 160 Grad eine gute Stunde backen! Nach dem Backen und Erkalten mit Staubzucker bepudern.

BIRNENSOUFFLÉ

2 große Birnen, süß und saftig
Schale und Saft einer unbehandelten Zitrone • 4 Eier (getrennt)
50 g Zucker • 1 Prise Vanillezucker • 3 EL gemahlene Mandeln
250 g Quark • Rapsöl zum Einfetten der Förmchen

☛ Die Birnen schälen, entkernen, in dünne Scheiben schneiden und in Zitronenwasser geben. Eigelb mit Zitronenschale, Zucker und Vanillezucker cremig schlagen. Mandeln zugeben, Quark dazugeben und alles miteinander vermengen und kühl stellen. Das Eiklar steif schlagen und vorsichtig unter die Masse heben. Birnenscheibchen in eingeölte Förmchen legen, die Quarkmasse darauf verteilen. Die übrigen Birnenscheiben klein schneiden, auf die Quarkmasse verteilen und vorsichtig mit einem kleinen Löffel unter die Masse drücken. Im vorgeheizten Backofen bei 180 bis 200 Grad ca. 25 bis 30 Minuten backen.

Dazu kann man Vanillesoße oder Fruchtmarksoße aus Beerenfrüchten reichen.

SCHLESISCHE LINSENRÖSTI

1 Zwiebel • 10 g Margarine • 250 g Linsen • 400 ml Gemüsebrühe
2 rohe Kartoffeln, ca. 200 g • 1 EL gehackte Petersilie
1 EL Weizenmehl • 2 EL angeröstete Semmelbrösel • 2 Eier
Salz und Pfeffer zum Würzen • Öl zum Backen

☛ Zwiebel würfeln und in heißer Margarine anbraten, Linsen dazugeben und mit heißer Gemüsebrühe auffüllen, ca. 15 Minuten kochen lassen und mit dem Pürierstab zerkleinern. Kartoffeln schälen, fein reiben und an die Masse geben. Jetzt alle anderen Zutaten dazugeben. Die Masse mit Salz und Pfeffer abschmecken.

Das Öl in einer Pfanne erhitzen, mit einem Eßlöffel kleine Puffer abstechen und in der Pfanne goldgelb backen lassen.

Dazu wurde immer ein Sauerkrautsalat mit Apfel und Möhre gereicht!

Maria Dinter, geb. Geyer, und ihr Mann Paul Dinter am Tage ihrer Hochzeit vor der Albendorfer Wallfahrtsbasilika, 31. Oktober 1938

Ein Schicksal in der Grafschaft Glatz – die Familie Dinter

Ein schöner Garten hinter den Bergen«, so nannte ein Dichter die Grafschaft Glatz, im Südosten Niederschlesiens gelegen, umgeben von hohen Waldgebirgen und wie ein Eichenblatt in das heutige Tschechien hineinragend.

Die Grafschaft ist angefüllt mit schönen, alten Städten und freundlichen Dörfern, von den Höhen grüßen Kirchen ins Land und vielerorts sieht man prächtige Schloßanlagen. Der Paß von Wartha aus bildet den Zugang zu dieser Landschaft.

Gasthaus zur süßen Ecke (links)
Direkt gegenüber der Wallfahrtsbasilika in Albendorf gelegen, fand hier am 31. Oktober 1938 das Hochzeitsfrühstück für das Brautpaar Maria und Paul Dinter statt.

Über der Hauptstadt Glatz ragt die auf sieben Hügeln errichtete mächtige Festung Glatz, die Friedrich der Große ausbauen ließ. Bekannte Persönlichkeiten wie Freiherr von der Trenck oder Karl Liebknecht wurden hier gefangen gehalten. Dem Besucher bietet sich von dort ein herrlicher Blick auf die historischen Bauten der Stadt wie auf den aus dem Jahre 1397 stammenden prächtigen Rathausturm, das Franziskanerkloster oder die 1390 vollendete malerische Brücktorbrücke mit ihren barocken Heiligenfiguren.

Vielfältig sind die Gebirgszüge, die das Gebiet der Grafschaft wie natürliche Grenzen umschließen: im Osten das Eulengebirge und das Reichensteiner Gebirge, im Süden das Glatzer Schneegebirge und das Bielengebirge, im Westen das Habelschwerdter Gebirge und das an Böhmen grenzende Adlergebirge mit seinem nördlichen Hauptgipfel der Hohen Mense, bei Wintersportlern aufgrund ihrer idealen Bedingungen beliebt. Im Nordwesten das Tafelgebirge der Heuscheuer mit bizarr geformten Sandsteinfelsen und einer der schönsten Bergstraßen Schlesiens.

Über den Wallfahrtsort Albendorf, das »Schlesische Jerusalem«, Wünschelburg und Karlsberg gelangt man hinab ins Bäderland der Grafschaft Glatz. Hier sprudeln die heilkräftigen Quellen, die seit

Jahrhunderten der Menschheit dienen. Die populärsten Badeorte sind Kudowa, das Herzheilbad mit seinen schönen Bauten, Bad Reinerz und das Herzheilbad Altheide, auch bekannt für seine schönen Parkanlagen. Im Gebiet des Schneebergmassivs im oberen Bieletal liegt Landeck, das älteste Bad dieser Region. Seine radiumhaltigen Schwefelquellen nutzte schon Friedrich der Große zur Kur.

Im Laufe der Jahrhunderte hat sich in der Grafschaft Glatz eine Lebensart entwickelt, die sich sehr von jener der Nachbarn unterschied. Dies äußerte sich zum Beispiel in der Mundart so prägnant, daß die Grafschafter (»Glootzer Naazla«) mit Sicherheit leicht zu erkennen waren.

Eine weitere typische Besonderheit ist der tief verwurzelte katholische Glauben. Nicht umsonst gibt es in der Grafschaft viele bekannte Wallfahrtsorte wie Albendorf, Maria Schnee und Wartha. Damals wie heute laden diese Orte nicht nur zur Wallfahrt ein, sondern erfreuen sich das ganze Jahr über eines regen Pilgerstroms.

Eine große Liebe und Treue zu seinem »Herrgottsländchen« prägt den Grafschafter. Schon vor mehr als zweihundert Jahren wurden die Bewohner für ihre Treue zu Land und Volk vom Preußenkönig Friedrich II. mit dem Titel »Besonders treu!« geehrt.

Typisch für einen Grafschafter sind auch Fleiß, Sparsamkeit und eine solide Lebensweise. Auch die Küche, die grundsätzlich schlesisch ist, brachte ihre eigenen Grafschafter Rezepte hervor. Beispielhaft seien hier nur die Mehlsuppe zum Frühstück oder die Gebratene Buttermilch zur Kaffeetafel genannt.

In der Grafschaft Glatz wurde im Jahr 1912 auch Maria Geyer als Tochter einer Köchin und eines Konditors geboren. Ihr Vater Max Geyer arbeitete in der Bäckerei Völkel in Neurode. Nach dem Ende des Ersten Weltkrieges geriet er in englische Kriegsgefangenschaft und verbrachte die Zeit im Haushalt eines englischen Oberst. Er war dort für das Kochen und Backen zuständig und wurde sehr anständig behandelt. Nach seiner offiziellen Entlassung aus der Gefangenschaft kehrte er auf Bitten des Hausherrn nicht sofort nach Hause zurück. Er unterstützte die Familie bei den Vorbereitungen für die baldige Hochzeit der Tochter. In dieser Zeit erkrankte Max Geyer schwer und starb im Juli 1918, kurz vor der Einschulung seiner Tochter. Beigesetzt wurde Max Geyer in England.

Maria, die inzwischen noch ein Brüderchen bekommen hatte, wuchs nicht bei ihrer Mutter, sondern bei ihrer Großmutter auf. Später lebte sie dann bei ihrer Tante Martha Blaschke. Diese war kinderlos geblieben und wohnte im Wallfahrtsort Albendorf. Hier ging Maria Geyer zur Schule, bis sie schließlich in der mechanischen Weberei Ochmann den Beruf der Verkäuferin erlernte.

Am 31. Oktober 1938 heiratete die junge Frau den Maurer Paul Dinter aus dem Nachbarort Niederrathen. Zusammen mit den Dinter-Eltern bezog die junge Familie kurz darauf ein eigenes Haus. Paul Dinter war zu diesem Zeitpunkt bereits auf dem Schloß der Familie von Blanckart in Niederrathen als Förster in Stellung. Zu seinen Aufgaben gehörten die Hege und Pflege des Wildes im herrschaftlichen Wald sowie die Beaufsichtigung der Waldarbeiter.

Die Eltern der Baronin, Familie von Münchhausen, besaßen u. a. ein landwirtschaftliches Gut, in Schlesien Dominium genannt, in dem kleinen Ort Neißgrund (vorher Poditau). Neißgrund liegt nördlich von Glatz, idyllisch direkt an der Glatzer Neiße. Dorthin wurde Paul Dinter 1940 versetzt und die Familie, damals schon mit Sohn Konrad, bezog eine schöne Wohnung auf diesem Gut. Ein Jahr später, im Mai 1941, erblickte Sohn Ludwig das Licht der Welt, gefolgt von Tochter Margott 1942 und 1944 von Sohn Wolfgang.

Die Familie verlebte eine sehr glückliche Zeit in Neißgrund. Maria Dinter sagte damals immer wieder, daß sie diesen Ort nie mehr verlassen würde. Sie half bei der Milchausgabe, arbeitete in der Verwaltung und sorgte bei diversen Jagden des Barons für das leibliche Wohl der Gäste. Auch die Kinder der Herrschaften liebten dieses Gut, verbrachten viel Zeit beim Spielen dort und ließen sich von Maria Dinters Kochkünsten verwöhnen. Die Baronin von Blanckart schrieb 1977 in einem Brief an sie: »Mein Sohn erinnert sich noch sehr gut an Sie, vor allem an eine Jagd in Poditau, wo Sie Erbsensuppe gekocht hatten, die so gut war, daß er viele Teller aß und ihm nachher natürlich schlecht wurde.«

Marias Wunsch, nicht mehr von hier fort zu müssen, ging leider nicht in Erfüllung: Am 14. Oktober 1946, anderthalb Jahre nach Kriegsende, wurde die Familie mit den übrigen Einwohnern von Neißgrund zu jeweils fünfzehn Personen in einen Viehwaggon gesperrt, den man mit Ketten verschloß. Mit unbekanntem Ziel mußten sie die Heimat verlassen. Nach einem Zwischenaufenthalt im Quarantäne-Lager in Blankenburg/Harz kam die Familie schließlich im November 1946 in Hasselfelde an, ihrem Zuhause bis heute. Die Zeit der Entbehrungen, die Sehnsucht nach der Heimat und das Nicht-Willkommensein in der Fremde ließen sich nur schwer überwinden und haben bis heute seelische Narben hinterlassen.

Paul Dinter verstarb 1996, seine Frau Maria lebt heute in einem Pflegeheim und erfreut sich an ihren Kindern und deren Familien. Ihre Enkelin Peggy Dinter fühlt sich der schlesischen Heimat und den Traditionen ihrer Familie besonders verbunden. Im Mai 2005 erfüllte sie sich mit der Eröffnung ihres schlesischen Traditions-Cafés »Glatzer Stube« in Hasselfelde/Harz einen Kindheitstraum.

Albendorf, Marien-Statue (l.) und Glatz, Brücktorbrücke

OMA MINKAS SCHLESISCHER KARTOFFELSALAT

Das folgende Rezept war bis zur Veröffentlichung in diesem Buch ein streng gehütetes Geheimnis ausgewählter Familienmitglieder. Maria Dinter, liebevoll Oma Minka genannt, mußte »ihren« schlesischen Kartoffelsalat eimerweise für Familienfeiern, Straßenfeste, Betriebsfeiern etc. herstellen.
Dieses Rezept ist nichts für »faule« Hausfrauen, denn die Zutaten müssen in kleinste Würfel geschnitten werden.

2 kg Pellkartoffeln • ½ Glas Gewürzgurken
1 kleine Büchse Erbsen- und Möhrengemüse • 1–2 Äpfel
500 g Jagdwurst • 10 Eier, hart gekocht • ½ Glas Mayonnaise
1 TL Salz • etwas Pfeffer • 2 TL Zucker
Speck und Zwiebeln

☛ Alle Zutaten in ganz kleine Würfel schneiden, Eier etwas größer. Alles untereinandermengen. Etwas Gurkenwasser mit der Mayonnaise verquirlen und unterheben. Speck auslassen, Zwiebel darin leicht anbräunen und zum Schluß dazugeben. (Die Kartoffeln lassen sich am besten schneiden, wenn sie ganz kalt sind. Es empfiehlt sich die Zubereitung einen Tag vorher, damit alles richtig durchziehen kann.)

SIRUPPLÄTZCHEN

In Schlesien aß man Plätzchen übrigens nicht nur in der Adventszeit, sondern sie bereicherten den Nachmittagskaffee das ganze Jahr über.

300 g Zuckerrübensirup • 50 g Butter • 75 g Zucker
300 g Weizenmehl • 200 g Roggenmehl • 1 Päckchen Backpulver
1 EL Kakao • 1½ TL Pfefferkuchengewürz
1 Ei • 5 EL kalter Kaffee • ½ unbehandelte Zitrone

☛ Sirup, Butter und Zucker erhitzen. Mehl, Backpulver, Kakao und Gewürz untermischen. Zu der abgekühlten Masse das Ei, den Kaffee, Zitronensaft und die abgeriebene Zitronenschale geben. Nach und nach das Mehl unterarbeiten und den Teig anschließend 1 Stunde ruhen lassen. Nicht zu dünn ausrollen, Plätzchen ausstechen, möglichst mit verquirltem Ei oder Milch bestreichen und bei starker Hitze 15 Minuten backen.

Es können auch zwei Plätzchen mit einer Lage Marmelade aufeinander gesetzt werden.

NEISSGRUNDER PFLAUMENKUCHEN

Teig:
100 g Zucker • 125 g Butter • 2 Eier
125 g Mehl • 40 g Speisestärke • ½ TL Backpulver
etwas abgeriebene Schale einer unbehandelte Zitrone

Füllung:
450 ml Milch • 1 Päckchen Puddingpulver Vanille • 50 g Zucker
250 g Schmand • etwas Zitronensaft • 1,2 kg Pflaumen

Streusel:
80 g Mehl • 50 g Zucker • 50 g gemahlene Haselnüsse
60 g flüssige Butter • eine Prise Zimt • 1 Päckchen Vanillinzucker

☛ Die Teigzutaten gut vermengen und in eine gefettete Springform füllen. Aus Milch, Puddingpulver, Zucker und Zitronensaft einen Pudding kochen, etwas abkühlen lassen und den Schmand unterrühren. Entsteinte Pflaumen fächerartig auf dem Teig verteilen, Puddingmasse daraufgeben. Bei 170 °C ca. 30 Minuten backen.

Aus Streuselzutaten dicke Streusel bereiten, auf dem vorgebackenen Kuchen verteilen und ca. 25 Minuten zu Ende backen.

NEISSGRUNDER OBSTTORTE

Teig:
150 g Mehl • 65 g Zucker • 65 g Butter
1 Ei • 1 Päckchen Vanillinzucker • 1 TL Backpulver

Füllung:
500 g Quark (40% Fett) • 250 ml Sahne
4 EL Zucker • 2 Päckchen Vanillinzucker • 1 Päckchen Sahnesteif
Obst nach Wahl (z. B. frische Erdbeeren oder Sauerkirschen)

Guß:
500 ml Saft • 2 Päckchen Tortenguß
4 EL Zucker • etwas Zitronensaft

☛ Die Teigzutaten gut verkneten und in eine gefettete Springform geben, bei 175 °C ca. 20 Minuten backen. Anschließend ganz auskühlen lassen. Die Zutaten für die Füllung mit dem Mixer aufschlagen und auf den erkalteten Boden geben. Mit Früchten nach Wahl belegen.

Tortenguß entsprechend der Packungsanleitung (je nach Früchten rot oder klar) kochen und über den Früchten verteilen. Kühl stellen!

Hochzeit von Elisabeth und August Frieben in Friedersdorf bei Glatz, 1926

Bäckermeister August Frieben aus Gellenau

Im heute zur Gemeinde Lewin Klodzki (deutsch Lewin, 1939–45 Hummelstadt) gehörenden, zwei Kilometer südöstlich von Kudowa Zdrój (deutsch Bad Kudowa) gelegenen Gellenau (heute polnisch Jeleniów) erinnert fast nichts mehr an die ehemaligen deutschen Bewohner und deren Schicksal.

Die nachfolgende Familiengeschichte ist eng mit der Geschichte des Ortes Gellenau verbunden. Der Ort wurde 1350 erstmals erwähnt. Durch Erbfall war die Gutsherrschaft ab 1721 im Besitz der Familie von Ullersdorf. 1748 ging alles an die Familie Haugwitz über und diese ließ das Schloß zu einem barocken Kleinod ausbauen. 1788 begann die Herrschaft der Familie Mutius, die Mitte des 19. Jahrhunderts das Schloß im Neorenaissance-Stil umbauen ließ. Seither trug das Schloß den Namen »Carlshof«. Aus dieser Zeit stammen auch die riesigen Obstplantagen und die herrliche Parkanlage rund um das Schloß. Schloß und Gutsherrschaft blieben bis 1945 im Besitz der Familie Mutius.

Ein besonders bekannter Vertreter der Familie Mutius war der deutsche Diplomat Gerhard von Mutius, der Flügeladjutant des Deutschen Kaisers Wilhelm II. Gerhard von Mutius wurde am 6. September 1872 in Gellenau geboren und starb 1942 dort. Mutius stand bis 1931 im diplomatischen Dienst für Deutschland, zuletzt als Bevollmächtigter des Deutschen Reiches beim Völkerbund in Genf. Trotz seiner anspruchsvollen Tätigkeit als Diplomat fand Gerhard von Mutius Zeit, zahlreiche philosophische Bücher und Abhandlungen zu verfassen.

Die mehrfach ausgezeichnete Schriftstellerin Dagmar von Mutius ist seine Tochter. Sie verwaltete das Familiengut während des Zweiten Weltkrieges und mußte die Heimat, wie viele andere auch, 1946 nach Enteignung und Zwangsarbeit verlassen. In ihren Werken stellt die Schriftstellerin die Flucht und Vertreibung bewegend, aber ohne Klagen und Schuldzuweisungen dar.

An den Diplomaten Gerhard von Mutius erinnert sich die heute 80jährige Rita Grond, geb. Frieben, noch so lebhaft, als sei es gestern gewesen. Für Herrn von Mutius wurden extra gute Zigarren beim Großhändler in Glatz bestellt, er kam immer am Vormittag und holte sich seine

Familie Frieben, 1942
Mutter Elisabeth, die Kinder Rita, Rosemarie und Erna, Vater August

Zigarre ab, spazierte dann durch den Ort und rauchte. Alle im Ort kannten ihn und die stattliche Erscheinung ist Rita Grond bildhaft in Erinnerung geblieben.

Die Familie Frieben selbst ist eine uralte preußische Familie mit eigenem Wappen, deren Stammbaum weit in die schlesische Geschichte zurückreicht. Rita Grond verlebte eine sehr schöne Kindheit in Gellenau: Hier gab es für Kinder immer etwas zu entdecken – das Schloß, die Schloßgärtnerei, eine große Schweinezucht, eine Reihe kleinerer Bauernwirtschaften und Friebens Bäckerei und Lebensmittelhandlung selbst. Bäckermeister Frieben war weithin geachtet.

Rita Frieben besuchte die Volksschule in Gellenau. Es war jedes Mal ein Festtag, wenn der Vater sie zu einer Geschäftsfahrt nach Glatz mitnahm. Leider mußte sie auf einer solchen gemeinsamen Fahrt mit-

Historische Ansichtskarte von Gellenau im Kreis Glatz, um 1930
Unten links Friebens Bäckerei. In diesem Haus wurden die Kinder geboren und hier starb auch der Vater. Aus diesem Haus wurde die Familie Frieben 1946 vertrieben.

erleben, wie am 9. November 1938 auch in Glatz der Holocaust seinen schrecklichen Anfang nahm. Sie hat heute noch das Bild der brennenden Glatzer Synagoge vor Augen. Der Vater konnte nur hilflos zuschauen und seine Tränen vor der Tochter nicht verbergen. Für die damals 10jährige Rita Frieben war es völlig unverständlich, wie Deutsche ab diesem Zeitpunkt mit jüdischen Mitbürgern umgingen. Das Gefühl der Hilflosigkeit und des Unverständnisses begleitete sie viele Jahre.

Der Zweite Weltkrieg begann und viele Schlesier fürchteten um das, was ihre Vorfahren in Generationen aufgebaut hatten. Deutschland brach zusammen und der Krieg, der von Deutschland ausgegangen war, überzog nun das eigene Land.

Die Rote Armee besetzte Schlesien und mit ihr kamen die Polen, die sich eine neue Heimat aufbauen wollten.

Was die damals zehnjährige Rita in Glatz verstört mit anschauen mußte, erlebte die jetzt 17jährige am eigenen Leib. Die Familie wurde gezwungen, die Bäckerei weiterhin unter erbärmlichen Bedingungen und unter strenger Aufsicht offen zu halten.

Kinderfest in Gellenau 1938
Vorn links sitzend Rita Frieben

Ende der Schulzeit für Rita Frieben
Gellenau, 1942

Der Vater starb am 15. Februar 1946 an einem Herzschlag. Die Bäckersfrau mußte nun allein mit ihren Kindern das Geschäft betreiben und die Rote Armee sowie die polnische Bevölkerung versorgen.

Wenige Monate später, am 14. Oktober 1946, wurde die Familie Frieben aus ihrem Haus und von ihrem Grundstück vertrieben. Der Familie blieb unter der Aufsicht polnischer Soldaten kaum Zeit, die wenigen Taschen und Koffer, die man pro Person mitnehmen durfte, zu packen.

Das Bild des Dorfes im Moment ihrer Flucht ist Rita Frieben noch in Erinnerung geblieben: Das Schloß mit dem angrenzenden Park und dem Sauerbrunnen, der für alle zur Verfügung stand, die Häuser, die Wege, auf denen sie radelte, ihr Gellenau, wo sie zur Schule ging und eine glückliche Kindheit verlebte …

Nach der Wiedervereinigung der beiden deutschen Staaten ist Rita Grond schon einige Male in ihre alte Heimat gefahren, um ihre Erinnerungen aufzufrischen. Beim Anblick des zerfallenen Schlosses, in dem jetzt nur noch Fledermäuse hausen, und der bewohnten, jedoch einen verwahrlosten Eindruck hinterlassenden Häuser mag sich die harmonische Kindheitserinnerung nur schwer einstellen.

Geblieben ist aber ihre Vorliebe für die schlesische Küche. Rita Grond beschreibt ein Feiertagsmenü, selbstgemachte Nudeln, deren Herstellung von Generation zu Generation weitergegeben wurde. Sie erinnert sich noch sehr genau, daß diese Nudelsuppe in der Verwandtschaft und auch zu Hause immer eine besondere Familientradition war. Jeder wollte die beste Suppe kochen.

Die Hausküche der Familie Frieben, von Rita Grond aus der Erinnerung beschrieben

Wenn es einen besonderen Feiertag oder gar Kirmes gab, war immer ein Festmenü

Ferienausflug mit den Schulkameraden nach Karlsberg-Heuscheuer, 1938

auf dem Tisch. Der erste Gang war eine schöne Rindfleischsuppe mit Nudeln, natürlich aus selbstgemachten Nudeln. Mehl und Eier, frisch aus dem Nest genommen, wurden zu einem Teig verarbeitet, ausgerollt und getrocknet. Die Nudelflecke dann geschnitten, so wie man die Breite der Nudeln wollte. Das Nudelschneiden lernte meine Mutter von ihrer Mutter, und die wiederum von ihrer. In der Verwandtschaft wollte dann immer einer den anderen übertrumpfen.

Als zweiten Gang gab es gekochtes Rindfleisch, Sauerkohl und frisches Schwarzbrot, dazu eine Meerrettichsoße aus frisch geriebenem Meerrettich.

Der dritte Gang war Schweinebraten oder manchmal ein Rinderbraten mit Sauer- oder Rotkohl, dazu aber immer wieder die schlesischen Klöße.

Mutter machte die schlesischen Klöße von gekochten Kartoffeln. Ei und Mehl wurden unter die zerquetschten Kartoffeln gegeben, zu einer Rolle geformt und schräg geschnitten. Klöße vorsichtig ins kochende Salzwasser gleiten und leicht kochen lassen. Das war unser Festessen …

Oft waren Verwandte bei uns, das feine Porzellan wurde herausgeholt und die Männer rauchten nach dem Essen eine gute Zigarre, wie sie für die Herrschaft im Schloß aus Glatz extra bestellt wurden.

Wir waren auch manchmal bei Verwandten zum Essen in Friedersdorf, nicht weit von Gellenau, und wir Kinder haben immer festgestellt, daß unsere Mutter doch am besten kochen konnte. Unser Vater war dann immer sehr stolz auf sie, wenn die anderen Frauen aus der Verwandtschaft sie ehrfürchtig fragten, wie sie denn das eine oder andere zubereitet habe.

DIE RINDFLEISCHBRÜHE DES FEIERTAGSESSENS
- Originalversion -

1,5 kg Knochen vom Rind • 1 kg Rindfleisch zum Kochen
2 Zwiebeln • 2 große Möhren • 1 Sellerie
1 Kohlrabi • 2 Stangen Porree • 5 Lorbeerblätter
20 Pfefferkörner • Salz nach Belieben

☛ Am Vortag wurden die Knochen gehackt und in kaltes Wasser gegeben, einmal aufgekocht und das Wasser weggegossen. Die Knochen kalt abgespült und im kalten Wasser wieder angesetzt und leicht angekocht.

Jetzt wurde der Topf auf den Herdrand gestellt (der Herd wurde den ganzen Tag immer mit Holz befeuert). Die Knochen mußten den ganzen Vortag leicht köcheln.

Am Folgetag wurde in diese völlig ungewürzte, aber kochend heiße Brühe, die eine leicht bernsteinfarbene Farbe hatte, das gut abgewaschene Fleisch gegeben.

In einem gußeisernen Tiegel wurde das geschälte, in walnußgroße Stücke geschnittene Gemüse ohne einen Zusatz von Fettigkeit, angeröstet. Und dann mit den Gewürzen ebenfalls dazugegeben. Das Fleisch ließ man nun 2 Stunden in der Rinderknochenbrühe köcheln, dann wurde es herausgenommen und in einer Schüssel mit Deckel warmgestellt.

Die Brühe wurde durch ein Sieb gegossen und dann noch mal durch ein Baumwolltuch. Sie hatte jetzt eine kräftige bernsteinfarbene Farbe und schmeckte wundervoll nach Rindfleisch und Gemüse. Daran kamen dann die heißen, selbstgemachten Nudeln, die zuvor noch mal abgespült wurden.

Familie Frieben,die Eltern, Rita und Schwester Erna, 1937

Goldene Hochzeit von Ferdinand und Johanna Frieben, den Eltern des Bäckermeisters August Frieben, Februar 1938 in Friedersdorf

HAUSMACHERNUDELN VON ELISABETH FRIEBEN
- Originalversion -

200 g Weizenmehl • 150 g Hartweizengrieß
2 Eier • 12 EL Sonnenblumenöl

☛ Weizenmehl, das Öl, 3 Eßlöffel Wasser und den Hartweizengrieß vermischen, die beiden Eier daran geben, alles schön miteinander verkneten. Den Teig zugedeckt eine gute Stunde in einer Schüssel stehen lassen. Jetzt mit einer bemehlten Teigrolle ausrollen und noch eine Stunde trocknen lassen. Mit einem scharfen Messer schneiden und in sprudelndes Salzwasser geben. Aufkochen lassen und mittels eines Siebes abschöpfen. In ganz kaltes Wasser geben. Wieder mit dem Sieb herausholen und gut abtropfen lassen. Wenn die Brühe fertig abgeschmeckt ist und am Herdrand steht, gibt man die Nudeln für eine viertel Stunde hinein, sie dürfen nicht mehr kochen.

Manchmal machte die Mutter auch an den Nudelteig, statt des Wassers, fein gewiegten Spinat, dann wurden die Nudeln grün.

Einmal bekam die Mutter von einem Handelsvertreter ein kleines Tütchen Safran geschenkt, dieses ergab vorzüglich gelbe Nudeln.

SAUERKRAUT VON ELISABETH FRIEBEN
- Originalversion -

Im Hause Frieben wurde nie Weißkohl für Sauerkraut selbst angesetzt, sondern man kannte verschiedene Bauern, wo man schon Jahre das frische Sauerkraut und auch den frischen Rotkohl holte.

1,5 kg frisches Sauerkraut • 100 g Speck • 1 Zwiebel
¼ l Fleischbrühe • 1 große Kartoffel • 15 Wacholderbeeren
1 gestrichener Teelöffel Senfkörner • 15 Pfefferkörner
2 Lorbeerblätter

☛ Zwiebel und Speck ganz feinwürflig schneiden. Die Gewürze in ein Leinensäckchen geben und fest zubinden. Den Speck kroß anbraten und die Zwiebel dazugeben, nur glasig anschwitzen und dann das ungewaschene Sauerkraut darauf geben und alles vermischen. Jetzt die Fleischbrühe dazugießen und alles auf dem Herd durchkochen lassen, das Leinensäckchen dazugeben und den Topf noch eine halbe Stunde zugedeckt am Herdrand stehen lassen. Die Kartoffel schälen und fein reiben, unter das nun fertig gegarte Sauerkraut geben und den Topf noch einmal auf den Herd stellen. Kurz aufkochen lassen und das Leinensäckchen aus dem Sauerkraut nehmen.

SCHMORROTKOHL VON ELISABETH FRIEBEN
- Originalversion -

1,5 kg frischer Rotkohl • 2–3 möglichst saure Äpfel
1 Glas saurer Rotwein • 100 g Speck • 1 Zwiebel für den Speck
1 Zwiebel als gespickte Gewürzzwiebel • 200 ml Fleischbrühe
50 g Reis • 15 Wacholderbeeren • 15 Pfefferkörner
3 Lorbeerblätter • 12 Gewürznelken • 2 EL Weinessig
2 gehäufte EL Johannisbeergelee

Ausflug der Bäckerinnung nach Bad Reinerz, 1930

☛ Vom Rotkohl die äußeren Blätter entfernen, vierteln und den Rotkohl mit einem großen schweren Messer fein schneiden. Die Äpfel werden geschält, das Kerngehäuse entfernt und in ganz feine Scheiben geschnitten. Rotkohl und Äpfel werden in eine große Schüssel gegeben, mit dem Rotwein mariniert und dann 3 Stunden an einen kühlen Ort gestellt.

In einem Topf wird der gewürfelte Speck braun angebraten und eine gewürfelte Zwiebel glasig geschwitzt, darauf kommt dann das marinierte Apfelrotkraut. In ein Leinensäckchen kommen die Gewürze und dies kommt mitten in das Apfelrotkraut, ebenso der Reis. Etwas Salz dazu und darüber die Fleischbrühe. Zuletzt kommt eine Zwiebel dazu, an die mit Gewürznelken die Lorbeerblätter gespickt werden. Eine gute Stunde köchelt der Schmorrotkohl, bis die Flüssigkeit verkocht ist. Am Ende kommt der Weinessig daran sowie das Johannisbeergelee.

RINDERSCHMORBRATEN
NACH FRIEBEN-ART

2 kg Rinderschulter (keine Keule)
1 Flasche Rotwein, möglichst kein trockener
2 Möhren • 3 Zwiebeln • 1 Knolle Sellerie • 1 Strauß Petersilie
50 g Schweineschmalz (oder Speck) • 2 EL Tomatenmark
200 g Champignons oder Waldpilze • 1 Prise Zucker
Salz und schwarzer Pfeffer (nach Geschmack)
3 Pfefferkuchen • etwas Stärkemehl zum Binden der Soße

☛ Ausgelöste Rinderschulter auf dem Schneidebrett auslegen und mit kleingehackten Pilzen füllen. Anschließend Salz und Pfeffer darüber streuen. Zusammenrollen und mit Küchengarn festbinden. Mit Rotwein und dem kleingeschnittenen Gemüse in eine Schüssel geben, zudecken und an einen kalten Ort stellen. Nach 3 Tagen herausnehmen und abtupfen.

In einem Bräter wird Schmalz oder Speck angebraten, der Rinderbraten daraufgelegt und von allen Seiten schön angeschmort, dabei das Tomatenmark auf das Fleisch gestrichen, mit der Prise Zucker bestreut. Jetzt den Rotwein und das Gemüse dazugeben und den Bräter für eine gute Stunde in die Röhre, bei 150 Grad Ober- und Unterhitze, einstellen. Den Braten immer wieder wenden. Den Pfefferkuchen in kaltem Wasser einweichen und diese Masse dann zerdrückt in den Bratenfond geben. Wenn das Fleisch gar ist, herausnehmen und zugedeckt warm stellen.

Den Bratenfond mit etwas in kaltem Wasser angerührter Stärke binden. Alles durch ein Sieb geben und das Bratgemüse mit durchstreichen. Bei Bedarf nur mit etwas Pfeffer und Salz würzen.

Das Fleisch wird vom Küchengarn vorsichtig befreit, in fingerstarke Scheiben geschnitten und mit der Soße bedeckt serviert.

SCHWEINEBRATEN MIT DÖRRPFLAUMEN NACH MUTTER FRIEBEN

1 kg Schweinekamm • 200 g Dörrpflaumen
Salz • schwarzer Pfeffer • Kümmel • 50 g Speck zum Anbraten
2 bis 3 EL scharfer Senf • 2 Möhren • 3 Zwiebeln
1 Selleriekopf • 1 Flasche Apfelwein
je 20 Stück Wacholderbeeren und Pfefferkörner in einem Leinensäckchen
1 Rosmarinzweig • 2 Salbeizweige • etwas Speisestärke zum Binden

☛ Der Schweinekamm wird mit einem Wetzstahl längs durchstoßen. In diesen durch das ganze Fleisch gehenden Kanal werden die Dörrpflaumen nacheinander gesteckt. Dann wird das Fleisch mit Salz, Pfeffer und Kümmel gut eingerieben und in einem Bräter, in dem vorher der gewürfelte Speck angebraten wurde, von allen Seiten gut angebräunt. Während des Bratens streicht man den Senf auf das Fleisch.

Anschließend wird das fein gewürfelte Gemüse in den Bräter gegeben und alles bei 150 Grad Ober- und Unterhitze in die Röhre gestellt. Ca. eine Stunde braten, dabei wird der Schweinebraten immer wieder gedreht und mit dem Apfelwein angegossen. Nach knapp einer halben Stunde werden bereits die Gewürze, welche in einem Leinensäckchen sind, sowie der Rosmarin- und die Salbeizweige hinzugeben. Wenn das Fleisch gar ist, wird es herausgenommen und zugedeckt an den Herdrand gestellt.

Die Soße wird mit der in kaltem Wasser angerührten Speisestärke gebunden und mit dem Gemüse durch ein Sieb gestrichen.

Dieses Gericht hat seinen Ursprung darin, daß viele Bauern ihr überflüssiges Obst ins Geschäft des Vaters brachten und er dann nicht wußte, was er mit den Pflaumen und dem Apfelwein machen sollte. Oft kam er am Feiertag in die Küche, während der Braten in der Röhre schmorte, und gönnte sich ein Glas vom Apfelwein, der eigentlich zum Angießen bereit stand. Mutter stellte deshalb vorsorglich eine zweite Flasche in Herdnähe.

DIE MEERRETTICHSOSSE NACH MUTTER FRIEBEN
- Originalversion -

1 kleine Zwiebel • 3 EL Butter • 3 EL Mehl
3/8 l heiße Fleischbrühe • 4 EL frisch geriebener Meerrettich
1 TL Zitronensaft • 1 TL Zucker • 1/8 l Sahne
Salz • weißer Pfeffer

☛ Zwiebel sehr fein hacken. Butter erhitzen und Zwiebel glasig braten. Mehl hineinstäuben und unter Rühren hellgelb werden lassen. Nach und nach die heiße Fleischbrühe einrühren, 8 Minuten bei kleiner Hitze köcheln lassen.

Meerrettich, Zitronensaft und Zucker zugeben und Soße glatt rühren. Zuletzt die Sahne einrühren. Topf vom Herd nehmen und die Soße mit Salz und Pfeffer abschmecken.

QUARKNOCKEN AUF HOLUNDER-HONIGSOSSE

250 g Quark • 3 Eier
4 EL Semmelmehl • 2 EL Zucker • 1 Prise Salz
200 g Holunderbeeren (oder 200 ml Holundersaft aus dem Reformhaus)
5 EL Honig

☛ Den Quark in ein Leinentuch geben und abtropfen lassen. Die Eier trennen und das Eigelb, Semmelmehl und Zucker zusammenrühren. Das Eiweiß schlagen, bis es fest ist, und unter die Quarkmasse heben. Wasser mit einer Prise Salz zum Kochen bringen.

Die Quarkmasse mit zwei befeuchteten Eßlöffeln abstechen und in das sprudelnde Wasser gleiten lassen.

Die frischen Holunderbeeren abzupfen und abwaschen. In einen Topf geben und erhitzen, fast zerkochen lassen, mit dem Pürierstab zerkleinern und durch ein Sieb streichen. Den Honig dazugeben und alles noch mal erhitzen. Auf flache Teller geben und die Quarknocken darauf legen.

Martha Krebs vor ihrem Elternhaus in Ludwigsdorf, Hochzeit mit Rudolf Krebs

Die Geschichte von Martha Krebs aus Ludwigsdorf (von ihr selbst erzählt)

Ich bin 1923 im schlesischen Ludwigsdorf geboren, als Jüngste von sieben Kindern. Meine Eltern haben in Ludwigsdorf/Koloniehain Kreis Glatz gewohnt. Der Vater ging zur Arbeit ins Bergwerk, ich als die jüngste Tochter mußte bei unserer kranken Mutter bleiben. Von ihr lernte ich viel über die Haushaltsführung.

Meine Eltern hatten 12 Morgen Landwirtschaft, drei Kühe, jedes Jahr zwei Schweine und Ackerland. So haben wir im Herbst und im Frühjahr immer ein Schwein geschlachtet. Dazu kam extra ein Schlachter zu uns.

Das Fleisch wurde gebraten und eingekocht: Wurstsorten im Darm und auch in Gläser eingekocht. Pökelfleisch eingesalzen, Schinken und Schinkenspeck geräuchert. Es mußte ja reichen, bis das andere Schwein schlachterreif gefüttert war.

Auf die Festtage habe ich mich immer sehr gefreut, denn da wurde stets etwas Gutes gekocht. Zum Beispiel gab es eine Nudelsuppe als Vorspeise, danach den Rinderbraten oder Gänsebraten mit Rotkohl oder Erbsen und Möhrengemüse. Am Heiligabend oder an den Weihnachtstagen gab es Mehlsuppe von Milch mit Mandeln und Rosinen und nach der Bescherung den Christstollen.

Zu Ostern wurde Lammbraten mit Sauerkohl oder Grünkohl bereitet. Zum Kaffee gab es meistens den guten Sandkuchen. Im Sommer standen oft Hefeklöße mit Vanillesoße oder Backobst auf dem Speisezettel. Biersuppe, Brotsuppe, Kürbissuppe, Erbsensuppe mit Schweineohren – das waren die Suppen, die im Alltag auf den Tisch kamen.

Geburtstage wurden festlich begangen. Zum Kaffee gab es Mohnkuchen und zum Abendbrot immer den berühmten Kartoffelsalat mit viel Gemüse, Möhren, Äpfeln, sauren Gurken, Kartoffeln – alles schön klein gewürfelt, mit Mayonnaise und gut gewürzt. Dazu gab es Bockwurst oder Wienerle. Schöner, bunter schlesischer Kartoffelsalat – den mache ich heute noch in meiner jetzigen Heimat im Harz. Immer wieder werde ich nach dem Rezept gefragt.

In Ludwigsdorf habe ich in der Jugendzeit in der Nachbarschaft zwei Jahre im Haushalt mit geholfen, im Sommer war ich auf dem Feld und im Winter im Stall. Im Herbst 1946 kam die Evakuierung. Das

Martha Krebs als Köchin in der Betriebsküche in Hasselfelde

war eine schlimme Zeit. Wir mußten die Heimat verlassen und kamen nach Hasselfelde im Harz. Dort habe ich im Sägewerk im Schichtbetrieb angefangen zu arbeiten.

Hier im Harz habe ich auch meinen späteren Mann, Rudi Krebs (1924–1979), kennengelernt, 1953 haben wir Hochzeit gefeiert. Am 1. August 1953 wurde unsere Tochter Barbara geboren. 1955 kam unsere zweite Tochter Renate zur Welt. Zwei Jahre später wurde mein Mann so krank, daß er arbeitsunfähig wurde. Von seinem Leiden wurde er im November 1979 endlich erlöst. 1958 bekam ich in Halberstadt eine Stelle als Hauswirtschaftshilfe, ab 1963 als Köchin in der Betriebskantine des VEG Tierzucht Hasselfelde. 1980 bin ich zu einer meiner Töchter gezogen.

Seit 1988 bin ich Rentnerin. Ich habe nun viel Zeit nachzudenken und Jugenderinnerungen nachzuhängen. Zum Pfingstfest sind wir in Schlesien immer viel

Besuch in Ludwigsdorf
Martha Krebs mit der neuen Eigentümerin ihres Elternhauses, 1995

gewandert, das war etwas für die Jugend. Wir sind bis zum sogenannten Spitzberg spaziert. Von seinem Gipfel hatte man eine gute Sicht in die weitere Umgebung und konnte die Kolonien überblicken. Man sah sogar das Eulengebirge … Da wollten wir immer mal hin, aber es kam dann nicht mehr dazu. Heute bin ich zu alt, um hinzufahren. Aber die Sehnsucht nach Schlesien lebt weiter.

LUDWIGSDORFER SANDKUCHEN
moderne Art – mit Küchenmaschine

250 g Butter • 50 g Zucker • 1 Päckchen Vanillezucker • 4 Eier
125 g Mehl • 125 g Speisestärke • 1 TL Backpulver • Butter-Vanille-Aroma

☛ Für Sandkuchen weiche Butter (Zimmertemperatur) in eine Rührschüssel geben. Zucker und Vanillezucker zufügen und mit dem Quirl auf höchster Stufe einige Minuten schaumig rühren. Nach und nach jeweils ein großes Ei aufschlagen, zufügen und mit der Butter gut verrühren. Erst wenn das Ei vollständig von der Butter aufgenommen wurde, das nächste Ei zufügen. In einer Schüssel Mehl mit Speisestärke und Backpulver mischen. Küchenmaschine auf niedrige Stufe stellen und die Mehlmischung eßlöffelweise unter die Buttermischung rühren. Mit einigen Tropfen Butter-Vanille-Aroma würzen.

Backofen auf 180 °C vorheizen. Eine Kastenform mit etwas Fett ausstreichen und mit Backpapier auslegen. Den Teig vom Sandkuchen einfüllen und glattstreichen. Kastenform auf die mittlere Schiene in den vorgeheizten Backofen schieben und bei 180 °C ca. 60 Minuten backen. Nach dem Backen die Form herausnehmen und die Form stürzen. Die Kastenform abnehmen und das Backpapier vorsichtig vom Sandkuchen abziehen. Sandkuchen vollkommen abkühlen lassen. Wer mag, bestreicht den Sandkuchen noch mit Zuckerguß. Dafür Puderzucker mit wenig Wasser oder Zitronensaft glatt verrühren und auf den kalten Sandkuchen streichen.

SCHLESISCHER KARTOFFELSALAT NACH MARTHA KREBS

- Originaltext -

1 kg Salatkartoffeln • 1 Sellerieknolle
1 lange Petersilienwurzel • 3 Möhren • 2 säuerliche Äpfel
250 g Erbsen (Konserve oder auch TK-Ware)
2 hart gekochte Eier • 4 saure Gurken (evtl. mehr) • 2 Zwiebeln
3–4 EL Weinessig • Salz • Pfeffer • 250 g oder etwas mehr Mayonnaise

☛ Die Kartoffeln in Salzwasser weich kochen, abgießen und noch warm pellen, in Würfel von ca. 0,5 cm Kantenlänge schneiden. Während die Kartoffeln kochen, den Sellerie, die Petersilienwurzel und die Möhren weich kochen. Sie sollten allerdings noch bißfest sein, ebenfalls in feine Würfel schneiden. Äpfel schälen, Kerngehäuse entfernen, klein würfeln. Die hartgekochten Eier grob hacken. Die Gurken würfeln. Die Zwiebeln abziehen und fein hacken. Alle Zutaten gründlich miteinander vermischen und mit Weinessig, Salz, Pfeffer und Mayonnaise vermengen. Der Salat sollte etwa einen Tag ziehen, bevor man ihn serviert. Nach 12 Stunden und kurz vor Auftragen noch einmal mit Essig, Salz, Pfeffer und Mayonnaise abschmecken.

Dieser Kartoffelsalat eignet sich gut als Beilage zu Würstchen oder kaltem Braten. Man kann die Zutatenmengen je nach Geschmack variieren, vor allem den geschmacksintensiven Sellerie oder die sauren Gurken.

LUDWIGSDORFER MEHLSUPPE

200 g Roggenschrotmehl (Reformhaus) • 3 Knoblauchzehen
je 1 Prise Salz und Zucker • 1 Handvoll Steinpilze, getrocknet
2 EL Sahne • 1 Knoblauchzehe, fein gehackt
3 hart gekochte Eier • schwarzer Pfeffer, frisch gemahlen
Zitronensaft • Majoran • Piment

☛ 1 Liter Wasser kochen und abkühlen lassen. Das Mehl und den Knoblauch in einen Steinguttopf geben, etwas Salz und Zucker nach Geschmack und die Pilze dazugeben, mit dem abgekochten Wasser übergießen. Den Topf mit einem sauberen Geschirrtuch abdecken und für 3–4 Tage an einen kühlen Ort stellen. Der fertige Sauerteig sollte angenehm säuerlich und nicht faulig riechen. 500 ml Sauerteig mit 1 Liter heißem Wasser vermengen, etwas frischen Knoblauch, Sahne und die Gewürze hinzufügen und aufkochen. Mit hart gekochten Eiern servieren. Man kann auch gekochte und in Scheiben geschnittene Wurst, Rippchen, Speck, Zwiebeln oder gekochte Kartoffeln hinzufügen.

SCHLESISCHE MEHLSUPPE,
wie sie in Ludwigsdorf auch gekocht wurde
- Originaltext -

500 ml Milch • Salz • 40 g Mehl
20 g Butter • 1 Eigelb

☛ Die Milch mit ¼ l Wasser verdünnen und mit etwas Salz zum Kochen bringen. Mehl mit ¼ l kaltem Wasser anrühren und in die kochende Flüssigkeit geben. Nach 10 Minuten Kochzeit die Butter dazugeben und die Suppe mit dem verquirlten Eigelb abziehen. Man kann auch Zimt und Zitronenschale mitkochen.

Otto Exner, um 1910

Otto Exner – der Koch aus Habelschwerdt

Otto Exner kam am 3. März 1880 in Habelschwerdt (heute polnisch Bystrzyca Kłodzka) als ältester Sohn von drei Kindern des Ehepaares Otto und Erika Exner, geborene Wolf, zur Welt. Der Vater arbeitete in der Seilerei seines Vaters Gustav Exner in Schönfeld bei Habelschwerdt. Die Familie lebte mit ihren Kindern im Elternhaus von Erika Exner.

Die Familie Wolf besaß eines der größten Kauf- und Versandhäuser in Habelschwerdt. So war es möglich, einem Großteil der Familie im eigenen Unternehmen Verdienstmöglichkeiten zu verschaffen. Hier im Kaufhaus gab es verschiedene Abteilungen: Kleidung für alle – von groß bis klein, Haushaltswaren und Küchengeräte sowie Spielwaren.

Besonderes Augenmerk legte Fritz Wolf jedoch auf seine Lebensmittel- und Feinkostabteilung. Hier half zum Leidwesen seines Vaters der älteste Sohn Otto schon als Schulkind gern aus. Für die großväterliche Seilerei, die er nach dem Wunsch des Vaters übernehmen sollte, zeigte der Junge kein Interesse.

Historische Ansichtskarte von Habelschwerdt, 1910

Nach seinem Schulabschluß besuchte Otto Exner die kaufmännische Privatschule A. Jung in der Grünen Straße, gegenüber des Habelschwerdter Gymnasiums. Er erwarb grundlegende Kenntnisse in Buchführung, Bilanzrevision und erhielt Einblick in Steuer- und Rechtsmittelbearbeitungen.

Mit 18 Jahren lernte der junge, gut aussehende Otto Exner bei einem Tanzvergnügen in Glatz Hertha, die Tochter des Glatzer Hotelbesitzers Wickel, kennen. Der junge Mann fand schnell Aufnahme in die Familie. Otto Exner entdeckte durch den Kontakt zur Hoteliersfamilie seine Leidenschaft fürs Kochen. Emil Höhne, der junge Koch bei Wickel, war ihm dabei Vorbild und Ansporn.

Emil Höhnes schlesische Pfefferkuchensoße war stadtbekannt und im Glatzer Hof als Spezialität auf der Speisekarte zu finden. Etwa um 1900 verließ Emil Höhne seine Wirkungsstätte in Glatz und ging nach Breslau. Im Hotel Monopol, einem der führenden Häuser in Breslau, stieg er bald zum Küchenchef auf.

Von seinem Vorbild Emil Höhne lernte der junge Otto Exner, ein Rezeptbuch zu führen. Erfreulicherweise durfte ich bei der Erarbeitung des vorliegenden

Bandes einen Blick in die Sammlung werfen und entdeckte hier auch das Rezept für die schlesische Pfefferkuchensoße, die bis heute in vielen Speisekarten zu finden ist und als schlesische Spezialität gilt. Dieses und zwei weitere Rezepte habe ich aus Otto Exners Kochbuch übernommen, das mir die Familie Grünert aus Magdeburg aus dem Nachlaß des Großvaters übergab.

Bis 1905 war Otto Exner im Wickelschen Hotel in der Glatzer Mälzstraße tätig. Am Ende seiner Zeit in Glatz hatte er sich auf allen Gebieten in dem gutbürgerlichen Hotel eingearbeitet. Allerdings hatte sich die Liebe zu Hertha Wickel abgekühlt, sie trennten sich. Mit einem ausgezeichneten Gesellenbrief und sehr guten Referenzen versehen, nahm Otto Exner eine Arbeit in Breslau auf. Der Briefkontakt zu Emil Höhne hatte über die Jahre weiterhin bestanden und so trat Otto Exner als dritter Koch im Hotel Monopol in Breslau seine neue Arbeitsstelle an.

Familie Grünert erzählte, daß sich der Großvater in die junge Büroangestellte Herma Wollters verliebt hatte, die beim Glatzer Kohlenhändler Casper in der Königshainer Straße angestellt war. Herma ging gemeinsam mit Otto Exner nach Breslau. Durch die Vermittlung Emil Höhnes bekam das Paar sofort eine kleine Wohnung in Breslau, nahe beim Blücherplatz.

1928 starb Herma an einem Virus, der im Frühjahr 1928 in Breslau sehr verbreitet war. Den Verlust seiner Frau hat Otto Exner lange Zeit nicht verwunden.

Die Familie Exner um 1890 im Garten des Habelschwerdter Hauses. Der Junge im dunklen Anzug in der vorderen Reihe ist Otto Exner.

Sein gekochter Salm in schlesischer Pfefferkuchensoße und Menüfolgen zu besonderen Anlässen waren sehr beliebt und machten ihn weit über Breslau hinaus bekannt. Der 55jährige Otto Exner, jetzt schon diplomierter Küchenmeister, ging Anfang 1935 als Küchenchef ins Haus »Oberschlesien« nach Gleiwitz (polnisch Gliwice). In diesem mondänen Restaurant traf sich die Oberschicht von Gleiwitz und Umgebung. Hier lernte Otto Exner Gerlinde Grünert (1886–1961) kennen, die im Haus »Oberschlesien« als Hausdame angestellt war. Bereits im März 1935 wurde auf einer heimlichen Reise geheiratet.

Gerlinde Grünert stammte aus Magdeburg und hatte dort einen großen Verwandtenkreis. Ab 1936 fuhren die beiden sehr oft mit Ottos Auto nach Magdeburg

Breslau, Blücherplatz mit städtischer Sparkasse und Blick auf das Rathaus, 1936

und waren bei Gerlindes Schwester Hildegard Seiler und deren vier Kindern zu Gast. Hildegards Mann, Richard Seiler, war 1934 beim Autobahnbau ums Leben gekommen.

Bald nahmen Otto und Gerlinde für die vier Halbwaisen die Rolle der Großeltern ein und sie taten dies sehr großzügig und gern. Obwohl Otto Exner schon seit beinahe 60 Jahren tot ist, erinnern sich die Enkel noch an Opa Otto.

Im Frühsommer 1943 siedelte das Ehepaar Gerlinde und Otto Exner nach Magdeburg über und bezog eine winterfeste Gartenhütte nahe der Elbe. Gerlindes Magdeburger Verwandtschaft lernte in der Kriegszeit die hohe Kunst von Otto Exner schätzen, aus Wenigem viel zu machen.

Im Januar 1945 floh Otto Exner vor der drohenden Einberufung zum Volkssturm zu einem Küchenmeister nach Braunlage in den Harz. In einer versteckten Berghütte schrieb er Erinnerungen und Rezepte auf. Endlich konnte er seinen Lebenstraum verwirklichen, einen gastronomischen Leitfaden für den Berufsnachwuchs zu schreiben.

Gerlinde Exner wartete über ein Jahr lang verzweifelt auf eine Nachricht von ihrem Mann. Erst im Februar 1946 stand er eines Abends zerlumpt, körperlich und seelisch schwer verletzt vor ihr. Auf dem Rückweg nach Magdeburg war er ausgeraubt und schlimm verletzt worden. Nur langsam erholte sich Otto Exner wieder von den Folgen dieser schweren Zeit. Am 7. Oktober 1949, am Gründungstag der Deutschen Demokratischen Republik, starb er. Sein sehnlichster Wunsch, Schlesien noch einmal wiederzusehen, erfüllte sich nicht mehr.

OTTO EXNERS PFEFFERKUCHENSOSSE

500 g Pfefferkuchen (auch alte, vom Weihnachtsfest übrig gebliebene)
4 Flaschen Malzbier (mindestens 1 Liter) • 1 Sellerieknolle
1 Petersilienknolle • 3 Möhren • 2 Stangen Porree
2 EL Öl (Empfehlung des Autors: Walnußöl)
Salz und weißer Pfeffer (nach Geschmack) • Gewürzkörner
Nelken • Lorbeerblatt • 30 g Butter
unbehandelte Zitrone (Saft und Schale)
1 Prise Knoblauch (etwas zerstoßene Knoblauchzehe)

☛ Den Pfefferkuchen in Bier einweichen. Das Gemüse feinwürflig schneiden. Das Öl in einen Topf geben und das Gemüse darin etwas anbraten. Mit soviel warmem Wasser aufgießen, daß das Gemüse bedeckt ist. Jetzt die Gewürze dazugeben und alles zugedeckt eine halbe Stunde köcheln lassen.

Den in Bier eingeweichten Pfefferkuchen mit dem Pürierstab pürieren und zu dem Gemüse geben. Noch einmal alles aufkochen und dann durch ein Sieb streichen. Zum Schluß die Butter, die abgeriebene Zitronenschale, etwas Zitronensaft und ein wenig Knoblauch zugeben. Nichts darf vorschmecken!

Diese Soße gab es zu Würstchen mit Kartoffeln und Sauerkraut – also ein typisch schlesisches Essen! Otto Exner reichte aber die einfache Soße zu dem edlen Rheinsalm und erntete damit großes Lob!

Historische Ansichtskarte Haus Oberschlesien, Gleiwitz 1929

OTTO EXNERS SCHLESISCHE MOHNKLÖSSE

250 g Mohn, gemahlen • 1 l Milch • 200 g Zucker
100 g Rosinen • 100 g Mandeln • 500 g altbackene Semmeln

☛ Den Mohn in einem halben Liter Milch, mit der Hälfte des Zuckers und den Rosinen aufkochen. Dann vom Herd ziehen und eine halbe Stunde quellen lassen. Die geschälten Mandeln fein hacken und zum Mohn geben, umrühren.

Die Semmeln in fingerdicke Scheiben schneiden. Den Rest Zucker mit dem Rest Milch verrühren und die Semmelscheiben damit tränken. Den gut gequollenen Mohn abwechselnd mit den Semmelscheiben in eine Glasschüssel schichten. Dann mit einer Folie abdecken und an einem gut gekühlten Ort einen halben Tag aufbewahren.

Zu diesen Mohnklößen wurde meist ein schwerer Glühwein serviert.

OTTO EXNERS
SCHLESISCHER MOHNSTRIEZEL

Für diesen Striezel war Otto Exner bekannt und gerade im Haus Oberschlesien wurde diese Spezialität sehr häufig für Fabrikantenhaushalte gebacken.

Zutaten für den Teig:
30 g Hefe oder eine Tüte Instanthefe
100 g Zucker • 1/8 l Milch • 500 g Weizenmehl
50 g Margarine • 1 Prise Salz

Zutaten für die Füllung:
50 g Rosinen • etwas Rum • 250 g Mohn (blau) • 125 g Zucker
1 Ei • 1 Prise Zimt • 1 TL Zitronensaft

☛ Die Rosinen in etwas Rum einweichen. Das Mehl in eine hohe Schüssel geben. Eine Mulde ins Mehl drücken, die zerbröckelte Hefe in der warmen Milch darin anrühren. Vorsichtig das Hefe-Milch-Gemisch mit dem Mehl vermengen. Die Schüssel zugedeckt an den Herdrand stellen. Nach ca. 20 Minuten sollte der Teig leichte Bläschen schlagen.

Die Margarine leicht erwärmen und mit dem Salz und Zucker zum Teig geben. Jetzt kräftig alles mit der Hand verkneten, bis der Teig wiederum größere Blasen schlägt. Jetzt den Teig nochmals an einem warmen Ort gehen lassen.

Für die Füllung den Mohn mit kochendem Wasser überbrühen und in einem feinmaschigen Sieb abtropfen lassen. Dann den Zucker, Ei, Zitronensaft und die Rosinen dazugeben und alles gut verkneten.

Den Teig ausrollen und mittig mit der Mohnfülle belegen. Die Teigseiten wie zu einem Stollen über der Fülle zusammenlegen und den Striezel auf ein gefettetes Blech heben.

Bei 150 °C Umlufthitze den Mohnstriezel mindestens eine halbe Stunde backen. Noch heiß mit einer dicken Schicht Puderzucker bestreuen.

Hausrezepte von Elsa Topf – Glatz um 1928

Weihnachten 1919: rechts im Bild Elsa Topf (1902–1983) links ihre Mutter Hermine (1870–1951), in Uniform Otto Papst (1881–1922)

Die Stadt Glatz (heute polnisch Klodzko), mitten in einem südschlesischen Talkessel gelegen, wird urkundlich erstmals 981 erwähnt und ist damit der älteste geschichtlich bezeugte Ort Schlesiens. Seit 1137 unter böhmischer Oberherrschaft stehend, kam die gleichnamige Grafschaft als Ergebnis des Ersten Schlesischen Krieges (1740–1742) zu Preußen. Geschichte und Bild der Stadt sind gleichermaßen durch die Zugehörigkeit zu Böhmen wie zu Preußen geprägt.

Über allem thront majestätisch die Festung, die Glatz als alte Garnisonsstadt ausweist. Sie entstand nach dem Ende des 30jährigen Krieges 1648. Bekanntester Oberbefehlshaber war in der Zeit von 1742–1760 der preußische Generalmajor Heinrich August Freiherr de la Motte-Fouqué. In seine Kommandantur fällt der Aufenthalt des wohl berühmtesten Gefangenen der Festung, des Freiherrn Friedrich von der Trenck (1726–1794). Er war 1744 Ordonnanzoffizier Friedrichs des Großen, fiel aber in Ungnade. Nach zweijähriger Gefangenschaft gelang ihm 1747 eine spektakuläre Flucht, die in jüngerer Zeit erfolgreich verfilmt wurde.

Neben der protestantisch-preußischen Prägung finden sich auch Zeugnisse böhmisch-katholischen Einflusses, so die Pfarrkirche Mariä Himmelfahrt. Sie wurde im 14. Jahrhundert durch den Bischof Arnestus von Pardubitz (1287–1364) gegründet, im 15. Jahrhundert um Türme und Seitenschiff erweitert und schließlich nach 1673 in barocker Ausstattung vollendet. Bekannt wurde die »Glatzer Madonna«, eine als wundertätiges Marienbild verehrte Schenkung des Bischofs, die sich heute in Berlin befindet.

Auch noch im frühen 20. Jahrhundert spielte die Präsenz des Militärs in Glatz eine bedeutende Rolle. Die durch die Stadt ziehenden Soldaten waren ein gern bestaunter Anblick. Und erst die berittenen Offiziere in ihren prächtigen Uniformen! Das Herz so mancher jungen Frau wurde schwach, so auch das von Hermine Topf, der Mutter der im Vorwort erwähnten Elsa Topf. Sie machte die nähere Bekanntschaft eines jungen Leutnants. An einem warmen Herbsttag im Jahr 1901 führte sie ein Kutschenausflug in das nahe Reichensteiner Gebirge.

Im Juni 1902 kam Elsa Topf zur Welt. Doch die junge Mutter freute sich nicht sonderlich über die Geburt. Denn ihr Verehrer, dem sie bei einem Treffen im Dezember ihre Schwangerschaft anvertraut hatte, reagierte ungehalten und drängte auf eine Abtreibung. Bis Mai 1902 arbeitete die werdende Mutter als Verkäuferin beim Juwelier Scholich in der Schwedeldorfer Straße. Die folgenden acht Jahre verbrachte Hermine mit ihrem Kind bei den Eltern, Oskar und Maria Topf.

Nach der Geburt nahm die Mutter eine neue Stelle als Verkäuferin im Schmuck- und Uhrenfachgeschäft des Juweliers Hampel an; der alte Scholich wollte eine allein erziehende Frau nicht beschäftigen. Als freundliche und tüchtige Verkäuferin erwarb Hermine Topf bald die besondere Gunst des Geschäftsinhabers. Er machte ihr einen Heiratsantrag und wollte auch den kostspieligen Gymnasiums-Besuch der aufgeweckten und gelehrigen Elsa finanzieren. Doch für sie blieb ab 1917 »nur« die Kaufmännische Schule von Alfred Jung, denn die Mutter fühlte sich mehr zu jüngeren Verehrern, meistens jungen Offizieren, hingezogen und schlug die Ehe mit ihrem Dienstherrn aus.

Elsa Topf erinnert sich lebhaft daran, wie die Mutter einen jungen Offizier, der fast ihr Sohn hätte sein können, beim Kauf eines schweren Motorrades unterstützt hatte. Zu dritt – Elsa war damals elf – standen sie in einem Motorradgeschäft gegen-

Glatz um 1920

über der Reichspost am Wilhelmsplatz. Dieser Offizier, Otto Papst, wohnte später bei den beiden Frauen. 1922 starb er an den Folgen einer Kriegsverletzung.

Die Zeit zwischen 1925 und 1933 sei schön gewesen, erinnert sich Elsa Topf. Mutter und Tochter unternahmen viele Sonntagsausflüge mit dem Auto des Juweliers Hampel in die Gegend um Glatz. Oft waren sie auf dem Glatzer Schneebergturm, im Wiener Café des Herrn Seibert in Neurode oder fuhren nach Albendorf zu Oswald Gottschlichs Gasthaus »Süße Ecke«. Hermine Topf liebte hier besonders den Kroatzbeerenlikör. Elsa genoss diese schöne Zeit. Sie war noch jung, glaubte das Leben vor sich. Damals arbeitete sie bei einer Stadtbehörde in Glatz und galt als begehrte Sekretärin, weil sie so schnell mit der Schreibmaschine umgehen konnte. In dieser Zeit fing Elsa Topf an, Küchenrezepte zu sammeln, sie schrieb immer genau dazu, von wem und wo das Gericht gekocht wurde.

Die Familie Topf wurde wie viele Schlesier Opfer der Vertreibung. 1944, nach dem Tod von Oskar und Maria Topf, verließen Elsa Topf und ihre Mutter die Heimat. Lange suchten sie nach ihren Verwandten, die sie endlich im thüringischen Meuselwitz fanden. Hier ist Elsa Topf 1983 auch verstorben.

ELSAS HÄCKERLE

Ob in Breslau, Kattowitz, Saybusch oder auch Grünberg – diese echt schlesische Spezialität ist überall bekannt. In fast allen handgeschriebenen Familienkochbüchern meiner Sammlung ist dieses Gericht zu finden.
Frau Topf erzählte mir, dass es auch als Brotaufstrich verwendet oder zu Pellkartoffeln gegessen wurde. Eine befreundete Familie in der Schwedeldorfer Straße, die Familie Laschtowitz, habe diese Köstlichkeit meist zum Herrenabend mitgebracht.
Man traf sich oft, mal bei Topf's und mal bei den Laschtowitz', aber immer musste es Häckerle geben. Manchmal stritten auch die Männer, wessen Frau das Gericht besser zubereiten könne. Es wurde Karten gespielt, oft auf der Mandoline geklimpert und später, als man bei Scholz an der Pilsner Bierhalle ein Grammophon gekauft hatte, hörte man zusammen Opernarien an.

2 Salzheringe • 2 Eier
20 g Butter • 1 Zwiebel

☛ Die Heringe waschen und über Nacht wässern lassen. Abziehen, entgräten, trockentupfen und fein hacken. Die Eier hart kochen, abpellen, dann halbieren. Die Butter schaumig rühren, das Eigelb aus den Eiern durch ein Sieb drücken und dann mit der Butter vermengen. Eiweiß und die Zwiebel feinwürflig schneiden. Alles miteinander vorsichtig vermengen und noch mindestens eine Nacht kalt stellen.

SCHWÄRTELBRATEN

Elsa begleitete ihren Großvater Oskar sehr gern in die Gastwirtschaft des Herrn Schmidt, nahe dem Glatzer Gymnasium. Der Großvater war Stammtischvorsitzender und traf sich hier mit Geschäftsfreunden, z. B. Herrn Lindner, Besitzer des Kolonialwarengeschäftes in der Judenstraße, der Elsa immer kleine, leckere Schokoladentafeln mitbrachte und an ihren dicken, blonden Zöpfen zog. In der Schmidtschen Gaststätte verstand man den Schwärtelbraten besonders gut zuzubereiten. Eine schlesische Spezialität, die ebenfalls in vielen Familienkochbüchern auftaucht.

Stammtischgesellschaft, Glatz um 1910

Schweinekeule, ca. 1,5 kg, bitte mit Schwarte
Salz, Pfeffer und Kümmel nach Geschmack • 2 Zwiebeln
3 EL Speisestärke • ¼ l saure Sahne

☛ Die Schweinekeule gut mit den Gewürzen einreiben. ¼ Liter Wasser in einem großen hohen Topf aufkochen. Das Fleisch mit der Schwarte nach oben hineinlegen und zudecken. Den Topf in die vorgeheizte Röhre stellen und bei 200 Grad 45 Minuten dort belassen. Danach das Fleisch herausnehmen und kreuzweise die Fettschwarte, ebenso das darunter liegende Fett einschneiden. Das Fleisch zurück in den Topf legen, aber mit der eingeschnittenen Seite nach oben. Die in Scheiben geschnittenen Zwiebeln dazugeben und den Topf dann wieder für 1 Stunde offen in die Röhre stellen.

Jetzt ab und an kochendes Wasser zugießen, in der letzten viertel Stunde nichts mehr zugießen, damit eine schöne braune, knusprige Schwarte entstehen kann. Das Fleisch herausnehmen und in der ausgeschalteten Röhre warm

stellen. Den Bratenfond mit etwas Wasser loskochen, mit der Speisestärke binden und mit saurer Sahne vollenden. Die Soße abschmecken und den Braten in Scheiben schneiden. Die Schwarte in kleine Würfel schneiden und extra reichen. Dazu gab es bei Familie Topf immer Mehlklöße.

SCHLESISCHE MEHLKLÖSSE

Diese Klöße waren die Lieblingsspeise von Elsa Topfs »Fast-Verlobten« Richard Heinze.
Er betrieb mit seinem Onkel in der Grünen Straße in Glatz ein feines Bekleidungsgeschäft. Richard Heinze verstarb 1924 an den Folgen eines Unfalls bei einem Reichswehreinsatz in Chemnitz 1923.

¼ l Milch • 2 EL Butter • 1 Prise Salz • 1 Prise Zucker
150 g Weizenmehl • 5 Eigelb • 5 Eiklar, fest schlagen
Butter zum Ausstreichen des Leintuches

☛ Die Milch mit 2 EL Butter und Salz sowie dem Zucker aufkochen. Das Weizenmehl hineinrühren und solange durchkochen, bis sich die Masse vom Topfboden löst. Nach dem Erkalten die Eigelb in die Masse rühren und das steif geschlagene Eiklar unterheben.

Ein Leintuch in einem großen Topf mit heißem Wasser brühen, auswringen und dann den Kloßteig in das mit Butter ausgestrichene Leintuch geben. Das Tuch zubinden, aber nicht zu eng, damit der Teig bei Hitze dann auch gehen kann. Das Tuch für eine Stunde in einen Topf mit sprudelndem Salzwasser hängen. Herausnehmen und den Teig in Scheiben schneiden.

GLATZER APFELKLÖSSE

500 g säuerliche Äpfel • 300 g Weizenmehl • 1 Ei • 20 g Butter
½ TL Backpulver • ⅛ l Milch • 1 Prise Salz
braune Butter nach Bedarf
Zucker und Zimt zum Bestreuen der Apfelklöße

Der Glatzer Schneebergturm um 1920

☛ Die Äpfel schälen, vierteln, entkernen und dann grob würfeln. Aus Mehl, Ei und der zerlassenen Butter, dem Backpulver, den Äpfeln und der Milch einen nicht allzu festen Teig kneten. Dann mit zwei angefeuchteten Eßlöffeln Klöße aus dem Teig abstechen.

In einem großen Topf Salzwasser zum Köcheln bringen und die Klöße hineingeben.

15 Minuten ziehen lassen und aufpassen, dass die Klöße nicht kochen. Herausnehmen und mit brauner Butter übergießen, dann mit Zucker und Zimt bestreuen.

In vielen Familienkochbüchern finden sich auch Rezepte, in denen statt Apfelwürfeln knusprig angebratener, kleingeschnittener Bauchspeck untergehoben wurde (100 g auf 4 Personen, geschmacklich eine Aufwertung, aber eine Kalorienbombe!).

LUNGENSUPPE NACH GLATZER ART
um 1925

500 g Lunge (beim Fleischer vorbestellen) • Salz nach Belieben
2 Möhren • 2 Zwiebeln • 1 Stange Lauch
¼ Sellerie • 100 g Spitzkornreis • 1 Bund Petersilie

☛ Die Lungen gut waschen und in reichlich Salzwasser (etwa 2 l) mit den geputzten Möhren, Zwiebeln, Lauch und dem Sellerie köcheln lassen. Dann die Lunge herausnehmen und die Brühe durch ein Sieb gießen. Den Reis, den man vorher gut abgespült hat, in die Brühe geben und gute 20 Minuten kochen lassen. Die Lunge in kleine Würfel schneiden und die innen liegenden Kanäle entfernen. Es empfiehlt sich dazu ein kleines spitzes Messer. Das Gemüse ebenfalls in kleine Würfel schneiden und zusammen mit den Lungenwürfeln wieder in die Suppe geben. Mit der gehackten Petersilie bestreuen und servieren.

Von diesem typischen Gericht gibt es zahlreiche Varianten, z. B. können statt Reis auch Kartoffelstückchen an den Eintopf gegeben oder auch Klöße dazu gereicht werden.
Die Suppe wurde um 1925 in vielen Glatzer Familien gekocht.

Der Koch und Konditor Otto Schreiner aus Neisse

Otto Schreiner um 1910

Lebendig bleibt, wessen Name und Schaffen in der Familie fortlebt. So ist es auch bei Otto Schreiner, an den man bei Familienfeiern in Gaststätten früher immer dachte, wenn es hieß, der Koch habe so gut gekocht wie Großonkel Otto. Man nannte ihn auch den schlesischen Koch, weil er eine laute Mundart sprach und deshalb überall auffiel.

Otto Schreiner wurde 1885 in Neisse, heute polnisch Nysa, geboren. Seine Eltern hatten neben der Pfarrkirche Sankt Jakobi ein kleines Café mit eigener Konditorei. Der Vater, Gustl Schreiner (1854–1923), war berühmt für seine Mohntorte und sein einzigartiges Früchtebrot. Von 1907 bis 1920 arbeitete Otto Schreiner als Koch und Konditor in Gaststätten in Breslau. Die Liebe zu Maria Kern (1887–1949) ließ ihn jedoch 1920 nach Hause kommen. Es störte den gelernten Konditor nicht, dass Maria Kern »bloß« Bandarbeiterin

in einer Gewehrfabrik war und vor allem die Eltern eine Verbindung der beiden ablehnten, hatte man doch schon eine Hotelbesitzerstochter aus dem Riesengebirge ausgesucht.

Wegen mehrerer Todesfälle in der Familie verschob sich die Hochzeit immer wieder. Eigene Kinder hatten die beiden nicht, aber den Großneffen Herbert Wunderlich nahm man als Kind auf, da er das Gymnasium in Neisse besuchte und nur alle 14 Tage am Sonntag zu den Eltern nach Schosnitz durfte. Das Paar habe »in Sünde« zusammengelebt, nennt es Familie Wunderlich, die mir bei einem Besuch in Bad Brambach handgeschriebene Rezepte und das Jugendbild des Großonkels gab. Herr Wunderlich erzählte von der Kirche und den vielen kleinen Kapellen mit den klobigen Türmen. Nach der Wende sei man einmal nach Neisse gefahren. Alles um die Kirche herum sei verschwunden, und sie stehe nun allein da wie eine traurige alte Frau, der man die Kinder weggenommen habe.

1944 gab das nun fast 60jährige Paar das Café auf und zog ins Vogtland, wo schon zwischen 1920 und 1930 zahlreiche Verwandte hingezogen und vogtländisch-schlesische Familienverbindungen zwischen den Schreiners und den Wunderlichs entstanden waren. Als Maria Kern 1948 anfing zu kränkeln, soll sie immer gesagt haben: »Eines Tages kenne wir wieder heem, nach Neisse …« Bei der Gründungsfeier der DDR im Oktober 1949 schloss sie die Augen – wohl wissend, was dieser Festakt bedeutete.

Nach Maria Kerns Tod wurde der alte Herr etwas eigenbrötlerisch und zänkisch. Zwei Volkspolizisten, die seine Kellervorräte kontrollieren wollten, verjagte er kurzerhand mit dem Schäferhund vom Grundstück. Ein Gastwirt, der um sein Geschäft fürchtete, hatte ihn angezeigt. Die Polizisten konnten aber nichts finden, waren sie doch erst kurz zuvor, ohne es zu wissen, vom alten Schreiner auf einer Hochzeit bekocht worden.

Bis ins hohe Alter kochte Otto Schreiner zu festlichen Anlässen in und um Bad Brambach und versorgte die Verwandtschaft mit Torten und Kuchen. Er starb im August 1961 nach einem Herzanfall. Man sagt, er habe den Bau der Mauer nicht verkraftet. Er lehnte sie ab, obwohl er Kommunist war und für seine Überzeugung eine Zeitlang unter den Nazis im Gefängnis in Hohenstein gesessen hatte.

Herbert Wunderlich hat das Kochbuch und viele Erinnerungen an seinen Großonkel Otto bewahrt und für dieses Kapitel zur Verfügung gestellt.

SCHREINERS MOHNTORTE
altes schlesisches Rezept

5 Eier • 250 g Margarine • 1 Kaffeetasse gestrichen voll mit Zucker
100 g ungemahlener Mohn • 100 g Weizenmehl • ½ Päckchen Backpulver
1 Päckchen Vanillezucker • 5 Spritzer Mandelaroma

☛ Die Eier trennen. Eigelb, Margarine und Zucker schaumig rühren. Die anderen Zutaten dazugeben und alles verrühren. Das Eiklar steif schlagen und unter die Masse heben. Den Teig in eine Springform geben und 45 Minuten bei mäßiger Ober- und Unterhitze backen. Nach dem Erkalten den Kuchen mit einem einfachen Zuckerguss überziehen.

Diese Torte wurde in vielen schlesischen Haushalten ebenso gebacken, wie die 34 Rezepte beweisen, die ich zu dieser Torte zugeschickt bekam, darunter genau 23 mit gleichem Wortlaut.

SCHREINERS FRÜCHTEBROT

125 g Margarine (besser Butter) • 3 Eier
50 ungeschälte Mandeln, mit Schale spalten
150 g Haselnüsse, grob gespalten
150 g Feigen, in dünne Streifen schneiden • 150 g Zitronat
250 g Rosinen • 1 Prise Zimt • 1 Päckchen Backpulver • 1 Prise Salz
150 g Weizenmehl • Butter zum Ausstreichen der Kastenbackform

☛ Butter oder Margarine schaumig rühren und die Eier dazugeben. Alle Zutaten nach und nach dazugeben und das Mehl darüber sieben und schön miteinander verkneten. Zu einem Brot formen und in die eingefettete Backform geben. 60 Minuten bei mäßiger Ober- und Unterhitze backen.

Dieses Rezept habe ich nicht nur in vielen Familienkochbüchern aus dem schlesischen Gebiet nachlesen können, sondern auch im Sudetenland, in Bayern und in Thüringen war es um 1910 sehr weit verbreitet.

Eine Hochzeit in der Familie Schreiner-Wunderlich in Bad Brambach 1932. Der Junge im Matrosenanzug ist Herbert Wunderlich mit 9 Jahren.

WILDER SCHWEINEBRATEN IN BUTTERMILCH

Der wie Wildschwein zubereitete Braten erfreute sich besonderer Beliebtheit in der Schreinerschen Familie und wird auch heute noch sehr gern gekocht. Als ich im September 2002 in Bad Brambach die Familie Herbert Wunderlich besuchte, konnte ich das Gericht kosten.

500 g Schweinefleisch aus der Keule • 1 l Buttermilch
50 g Fett zum Anbraten (Schmalz oder Butterschmalz)
1 Bund Suppengrün (1 Möhre, ¼ Sellerie, 1 Stange Porree)
schälen bzw. putzen, waschen und klein schneiden
2 große Zwiebeln • 5 Wacholderbeeren
1 Prise Salz und Pfeffer • Kartoffelmehl zum Binden

Zum Abschmecken werden Salbei, Majoran und gemahlener Kümmel empfohlen.

☛ Das Fleisch 4 Tage in Buttermilch legen. Dann herausnehmen und gut abtupfen. Im heißen Fett schön goldbraun anbraten, das Suppengrün und die Zwiebeln dazugeben, mit anrösten und mit der Buttermilch begießen. Das Fleisch bei geschlossenem Topf 1 Stunde lang köcheln lassen. Nun erst das Salz, Pfeffer und die zerstoßenen Wacholderbeeren dazugeben.

Das Fleisch probieren und wenn es fast gar ist, im geschlossenen Topf auf ausgedrehter Flamme eine gute viertel Stunde stehen lassen. Das Fleisch herausnehmen und die Soße mit dem in kaltem Wasser angerührten Kartoffelmehl binden. Mit Salbei, Majoran und gemahlenem Kümmel abschmecken. Die Soße vor dem Servieren noch einmal durchsieben.

Dazu gab es früher bei Otto Schreiner immer Salzkartoffeln oder Semmelknödel.

ROGGENPLÄTZCHEN

Diese Plätzchen waren sehr beliebt und etliche Bäcker haben das Rezept von Herrn Schreiner »gekauft«. Herbert Wunderlich erzählte mir lachend, dass er gehört habe, dass der alte Schreiner für dieses Rezept von jedem Bäcker Schnaps bekam. Jeden Bäcker ließ er im Glauben, dass er der einzige sei, der das Rezept wüsste. In einigen anderen schlesischen Familienkochbüchern habe ich es ebenfalls entdeckt.

500 g Roggenmehl • 1 Päckchen Backpulver
100 g Margarine • 200 g Zucker • 1/8 l Milch • Puderzucker

☛ Das Roggenmehl mit dem Backpulver vermischt auf eine Backunterlage geben (vermutlich ein großes Holzbrett). In die Mitte eine Vertiefung drücken, auf den Mehlrand die Margarine in Flöckchen geben und den Zucker darüber streuen. Nach und nach die Milch in die Vertiefung geben und dann ganz vorsichtig die Zutaten zusammenkneten. Den Teig eine halbe Stunde ruhen lassen.

Danach den Teig dünn ausrollen und kleine Plätzchen ausstechen. Dafür eignet sich ein Weinglas, aber aufpassen: Das Glas bricht sehr schnell, wenn man zu fest aufdrückt. Die Plätzchen auf gefettete Backbleche legen und auf der mittleren Schiene bei 150 Grad etwa 20 Minuten backen. Mit viel Puderzucker besieben.

GEMÜSE-FISCH-AUFLAUF NACH OTTO SCHREINER

750 g Weißkohl • 1 Zwiebel • 500 g Kochfisch
500 g Tomaten • 500 g gekochte Kartoffeln
½ l saure Milch • 3 Eier • 2 EL Weizenmehl
8 gehäufte EL Reibekäse (extra 8 Häufchen bilden)
weißer Pfeffer • Salz • sowie etwas Zitronensaft zum Würzen

☛ Den geschnittenen Weißkohl mit Zwiebelwürfeln und Salz in etwas Wasser halbweich dünsten. Den Kochfisch in etwa 5 cm große, aber flache Stücke schneiden und marinieren, das heißt die Fischstücke pfeffern und mit ein paar Zitronenspritzern beträufeln.

Die Tomaten abwaschen, den grünen Blütenansatz herausschneiden und die Tomaten in ½ cm dicke Scheiben schneiden. Die Kartoffeln ebenfalls in ½ cm starke Scheiben schneiden.

Für die Soße die saure Milch in eine Schüssel geben, die Eier unterschlagen, zuletzt das Mehl vorsichtig unterrühren. Es dürfen keine Klumpen entstehen. Am Ende etwas Salz und Pfeffer unterrühren.

Eine Auflaufform fetten. Zuerst den Kohl, dann den Fisch, darauf eine Tomatenschicht und nun eine Kartoffelschicht in die Form geben. Von jeder Zutat soviel aufheben, dass man eine komplette Wiederholung machen kann. Mit Kartoffeln abschließen, nicht mit Kohl, er wird beim Backen etwas strohig. Nach jeder Einzel-Zutaten-Schicht als Abschluss immer einen gehäuften Esslöffel Reibekäse dünn auf der Schicht verteilen, deshalb sollte man auch 8 Häufchen Reibekäse bilden. Zum Schluss die Soße sorgfältig auf dem Auflauf verteilen und das Ganze bei 180 Grad Ober- und Unterhitze 45 Minuten garen.

TIP: Ich habe dieses Gericht mehrmals gekocht und in die Soße etwas gehackte und dann mit Salz zerriebene Knoblauchzehe gegeben.

SCHREINERS REISFLEISCH

150 g Zwiebeln (entspricht etwa 3 mittleren Zwiebeln)
50 g Butter • 1 EL Tomatenmark • 500 g Rindfleisch
650 g Reis (Spitzkornreis), gut waschen und abtropfen lassen
5 EL Haferflocken, geröstet (eine mit ganz wenig Butter ausgestrichene Pfanne benutzen) • 2 EL Reibekäse

☛ Zwiebeln ganz feinwürflig schneiden und in der Butter anrösten, das Tomatenmark dazugeben und mit etwas heißem Wasser ablöschen. Jetzt das gulaschartig geschnittene Fleisch dazugeben und gut eine halbe Stunde dünsten lassen.

Den gut abgetropften Reis dazugeben und das Ganze mit heißem Wasser aufgießen, bis zum Rand des Reises. Dieser sollte gerade so bedeckt sein. Alles eine weitere halbe Stunde auf mittlerer Stufe garen lassen, dann den Topf zur Seite ziehen und abdecken.

Jetzt die in Butter angerösteten Haferflocken und den Reibekäse darüber streuen und alles servieren.

Seinen Gästen servierte der Koch Schreiner das Reisfleisch immer in kleinen Kupfertöpfen. Um 1925 wollte er eine kleine, aber ganz feine Speisegaststätte in Neisse eröffnen. Für ein Haus nahe dem Kreuzherrenkloster liefen schon die Kaufverhandlungen. Bei einem Neissener Goldschmied ließ er sich kleine Portionskupfertöpfchen anfertigen für sein spezielles Reisfleisch. Leider reichte das Geld dann doch nicht, um seinen Traum zu verwirklichen. Zurück blieb eine riesige Kiste mit Kupfergeschirr. Beim »Umzug« von Schlesien nach dem schönen Bad Brambach ging fast alles bis auf Einzelstücke verloren.
Eine Kupferpfanne befindet sich heute als Geschenk von Herbert Wunderlich im Besitz des Autors. Nach dem Muster solcher Pfannen und Töpfchen der Neisser Goldschmiede hat man auch später in der DDR das kupferne Serviergeschirr für die gehobene Gastronomie, welche es ja auch in der DDR gab, angefertigt.

NEISSER HONIGKUCHEN
nach Otto Schreiner

Dieses Rezept fand ich ebenfalls in vielen schlesischen Familienkochbüchern und wieder mit identischem Wortlaut. Dieses sehr beliebte Gebäck wurde überall und oft gebacken.

500 g Kunsthonig • 100 g Zucker • 50 g Butter
500 g Weizenmehl • 1 Prise Pfeffer • 1 Prise Kardamom
abgeriebene Schale einer ganzen Zitrone
100 g Mandeln, grob gestoßen mit Schale
1 Päckchen Backpulver
1 Prise Pottasche, in Wasser auflösen

☛ Honig, Zucker und Butter aufkochen, abkühlen lassen. Inzwischen das Mehl, die Gewürze und das Backpulver trocken mischen. In die Mitte eine Vertiefung drücken und die Butter-Honig-Masse sowie die aufgelöste Pottasche hineingeben. Zuletzt die Mandeln untermischen. Alles gut vermengen und 3 Wochen im Keller in einer dicken Porzellanschüssel zugedeckt stehen lassen.

Nach dieser Zeit den Teig erst einmal in die leicht angeheizte (50 Grad) Backröhre zum Geschmeidigwerden stellen. Dann den Teig ½ cm dick ausrollen und auf gefettete Bleche legen. Mindestens 1 Stunde bei mittlerer Ober- und Unterhitze braun backen, dann in Rechtecke schneiden.

Der Kuchen wurde von den Kindern am liebsten noch warm verzehrt.

Familie Krug nach der Vertreibung in Jena, 1950

Damals in Jägerndorf – Manfred Krug erinnert sich an Schlesien

Das Ehepaar Krug wohnt heute in Weida und genießt den wohlverdienten Ruhestand. Trotz seiner fast 80 Jahre fährt Manfred Krug noch weite Strecken mit dem Rad. Auf einem seiner Ausflüge lernte ich den rüstigen Rentner und ehemaligen Berufsschullehrer kennen. Wir kamen schnell ins Gespräch über erlebte Zeitgeschichte. Manfred Krug erzählte von seiner schlesischen Heimat. Ich bat ihn, alles zu Papier zu bringen.

Schlesien – meine Heimat

Schlesien ist ein Land mit fruchtbaren Böden und wichtigen Bodenschätzen wie Kohle, Eisen und Kupfer. Grund genug, daß sich bereits im Mittelalter Österreich und Preußen um Schlesien stritten. So kam es 1742 zur Schlacht bei Mollwitz, Kreis Brieg. Das preußische Heer besiegte unter Führung von Friedrich II. die Österreicher. In Folge gehörte Schlesien zu Preußen. Das Land entwickelte sich bis

1939 zu einem blühenden kulturellen und wirtschaftlichen Bestandteil des Deutschen Reiches. Im Südosten gab es die reiche oberschlesische Industrieregion mit Steinkohle, Metallindustrie und Zementproduktion. Im Zentrum die Stadt Breslau, mit vielseitiger Industrie und der alten Universität. Die Oder als schiffbarer Fluß begünstigte den Transport aus dem oberschlesischen Industrierevier per Schiff in andere Länder.

Ergänzt wurden die Transportmöglichkeiten durch einen zweigleisigen Schienenstrang ins Herz des Deutschen Reiches, nach Berlin. Auch die Reichsstraße Nummer 5, die durch ganz Schlesien über Oppeln, Brieg und Breslau nach Frankfurt an der Oder und bis Hamburg führte, begünstigte den schnellen Transport der Erzeugnisse.

Die Böden links und rechts der Oder waren sehr fruchtbar. Sie eigneten sich bestens für den Anbau anspruchsvoller Getreidesorten und später den Anbau von Zuckerrüben. In Brieg errichtete man die erste deutsche große Zuckerfabrik, hier erfolgte die industrielle Produktion von Rohzucker aus Zuckerrüben. Rund um Brieg herum entstanden wohlhabende Bauerndörfer.

In einem dieser Dörfer lebte ich bis zum 22. Januar 1945 – in Jägerndorf! Zu dieser Zeit hatte sich die Sowjetarmee der Oder bereits bis auf wenige Kilometer genähert. Meine Mutter schloß sich mit meinen Geschwistern Lydia, Norbert und mir dem in wenigen Stunden abgehenden Flüchtlingstreck an.

Die psychischen und physischen Belastungen sind allen lebenden Vertriebenen noch heute in Erinnerung. Die Pferde und Wagen aus unserem Dorf waren ja für das flache Land bestimmt und der Fluchtweg führte über das Gebirge in Richtung Westen. Bei Schnee und Eis und Minus 20 °C waren die Steigungen des Gebirges nur unter größten Anstrengungen und Verlusten zu bewältigen. Unsere Vertreibung endete für die Familie, nach zeitweiser Trennung, in Thüringen. Jena und Umgebung wurde unsere neue Heimat.

In langen Gesprächen erzählt mir Manfred Krug von seiner Kindheit, von Jägerndorf und auch von der nahen, großen Stadt Brieg. Unter anderem erinnert er sich, daß man in Breslau die Brieger auch »Brieger Gänse« nannte – damit waren im schlesischen Volksmund die Eisschollen gemeint, die von Brieg auf der Oder trieben.

Er berichtet von den Hasenjagden, die er als Kind miterlebte, denn als Treiber wurden auch die Kinder eingesetzt, vom Streuselkuchen mit dem feinen Buttergeschmack und vom schlesischen Mohnkuchen, den seine Oma und auch seine Mutter vorzüglich zu backen verstanden. Während ich zuhöre, genieße ich den köstlichen Kuchen, den Frau Krug heute, fast 70jährig, immer noch selbst bäckt.

Königshud, um 1914

Hier arbeitete der Großvater von Manfred Krug in einer Gießerei als Prokurist.

Ich erfahre viel über Brieg, die Stadt mit ihren Kirchen, Baudenkmälern, Parkanlagen, und vor allem über ihre stolze Vergangenheit. Besonders die Promenaden und die Parkanlagen hatten es dem kleinen Manfred Krug bei Besuchen angetan.

Manfred Krug konnte auch nicht genug Geschichten über den Großvater Felix hören, den Vater seiner Mutter, Kurt Felix Ernst Schlesier (1875–1958), der als Prokurist in Königshud in einer großen Metallfabrik arbeitete.

Manfred Krug besuchte seine Großeltern oft, seine Großmutter Elise Minna Schlesier (1884–1986) konnte sehr gut backen. Den Kuchengeschmack habe er noch heute im Mund, meint Manfred Krug verschmitzt.

SCHLESISCHER MOHNKUCHEN
nach Manfred Krug

Boden:

400 g Weizenmehl • 1 Päckchen Hefe
80 g Zucker • 1 Päckchen Vanillezucker
1 Prise Salz • 200 ml Milch (lauwarm) • 100 g Butter

Mohnbelag:

250 g frisch gemahlener Mohn
1 Päckchen Vanillepuddingpulver • 50 g Grieß
200 g Zucker • ¾ l Milch • 100 g Rosinen
5 Tropfen Rumaroma • 2 Eier

☛ Für den Boden das mit der Hefe vermischte Mehl in eine Schüssel geben. Die übrigen Zutaten hinzufügen und mit den Händen verkneten, bis der Teig glatt und glänzend ist. Den Teig an einem Ort mit mäßiger Temperatur gehen lassen.

Stellt man die Teigschüssel an einen zu warmen Ort, geht der Teig zwar schneller auf, aber nach dem Backen ist der Boden dann fest und nicht so schön locker. Den Teig nochmals mit der Hand durchkneten und auf einem gefetteten Backblech ausrollen.

Für den Belag den Mohn mit kochendem Wasser übergießen und gut abtropfen lassen.

Das Puddingpulver mit Grieß und Zucker mischen und mit 4 EL kalter Milch vermischen. Die übrige Milch zum Kochen bringen und das Puddingpulver-Grieß-Zucker-Gemisch unter Rühren hineingeben. Den Mohn, die Rosinen und das Rumaroma dazugeben und vermischen. Die Masse halbieren und eine Hälfte auf den Teig streichen.

Die Eier trennen. Das Eigelb und die übrige Hälfte der Mohnmasse vermengen. Nun das Eiklar steif schlagen und ebenfalls unter die Mohnmasse heben. Die Ei-Mohnmasse vorsichtig auf dem bereits aufgestrichenen Belag verteilen.

Den Kuchen in die vorgeheizte Röhre schieben und 30 Minuten bei 180 °C backen. Den noch heißen Kuchen mit Staubzucker bestreuen.

Familie Krug: Großeltern, Eltern und Kinder, um 1935

DER SCHLESISCHE STREUSELKUCHEN
Aus der Erinnerung von Manfred Krug, Weida

Boden:
300 g Weizenmehl • 1 Päckchen Backpulver
150 g Quark • 100 ml Milch
100 ml Öl (Rapsöl) • 80 g Zucker
1 Päckchen Vanillinzucker • 1 Prise Salz

Belag:
300 g Weizenmehl • 150 g Zucker • 1 Päckchen Vanillinzucker
½ TL gemahlener Zimt • 200 g Butter

☛ Das Mehl mit dem Backpulver mischen und in eine große Schüssel geben. Die übrigen Zutaten hinzufügen und alles mit der Hand verkneten, bis der Teig nicht mehr klebt. Anschließend auf einem Arbeitsbrett aus Holz zu einer Rolle formen. Den Teig auf einem gefetteten Backblech ausrollen. Für die Streusel

das Mehl in eine Schüssel sieben, alle anderen Zutaten hinzugeben und gut verkneten. Die Streusel auf dem Teig verteilen und den Kuchen an einem warmen Ort gehen lassen, bis sich der Kuchen sichtbar vergrößert hat.

Dann den Kuchen in der vorgeheizten Röhre 20 Minuten bei 180 °C backen.

DIE ODERSCHLEIE IN WEISSWEINSOSSE
aus dem Gedächtnis erzählt

Es gab viel Fisch aus der Oder und Manfred Krug sind die zarten Schleien besonders in Erinnerung geblieben, die Großmutter vorzüglich in einem Fond aus Weißwein und Wurzelwerk langsam auf dem großen Küchenherd garzog. Ein fein-würziger Geruch durchströmte dann die Küche, den Manfred Krug bis heute nicht vergessen hat.
Der Großvater bekam von einem Herrn aus der Nachbarschaft immer ganz frische, junge Schleien. Einmal brachte er zwei ganz große mit. Jede hatte über 4 Pfund und war fast einen halben Meter lang. Die Großmutter schimpfte ihren Mann aus, weil die großen Schleien nicht so leicht verdaulich waren wie die jungen Schleien. Der Großvater brauchte dann immer nach dem Essen zu viel vom Magenbitter.

☛ In einen großen Bräter kam viel geputztes und in Würfel geschnittenes Gemüse: Möhren, Zwiebel, Sellerie und Porree. Die Großmutter schwitzte die Gemüsestücke in guter Butter an und goß mit viel Weißwein auf.

Die Schleien wurden küchenfertig zurecht gemacht und gut abgewaschen. Sie wurden im Gemüse-Weißweinfond gegart und dann mit kleinen neuen Kartoffeln, mit viel gehackter Petersilie bestreut, serviert.

Den Fischfond zog die Großmutter immer mit viel guter Sahne und Eigelb ab. Die Kinder liebten diese immer noch nach dem Weißwein schmeckende Soße.

JÄGERNDORFER SCHMORHASE MIT PREISELBEEREN

Manfred Krug erzählte mir, daß in Jägerndorf oft Hasenjagden stattfanden. Manchmal wurden 200 Hasen geschossen und so mancher Treiber bekam einen Hasen für zu Hause mit.

1 ganzer Hase • 100 g Speck
Salz zum Bestreuen • 150 g Butter • ¼ l saure Sahne
100 g Preiselbeerenkompott • 1 EL Weizenmehl

☛ Den Hasen in Stücke zerlegen. Man rechnet pro Person 2 bis 3 Stücke. Den Rücken und die Keulenstücke mit dem Speck spicken und mit Salz bestreuen. In der Butter rundherum schön braun anbraten. Danach eine gute Stunde und unter mehrmaligem Angießen von heißem Wasser bei offenem Bräterdeckel schmoren.

Eine viertel Stunde vor Ende der Garzeit kommt über die Hasenstücke ein Gemisch aus saurer Sahne, Preiselbeerenkompott und Weizenmehl. Dieses Gemisch sollte klümpchenfrei sein. Der Hase mit der Soße muß mindestens eine viertel Stunde bei geschlossenem Deckel garen. Die Hasenstücke herausnehmen und warm stellen, die Soße durch ein Sieb streichen.

Ratibor
Ring mit Mariensäule und Rathaus

Erinnerungen an Ratibor von Imelda Machowska

Vor einiger Zeit erhielt ich eine Postsendung aus Polen. Das Päckchen enthielt einen ausführlichen Brief von Imelda Machowska mit Erinnerungen an Ratibor und das Kochbuch ihrer Mutter.

Imelda Machowska schrieb:
»… Meine Mutter und ihre Familie stammen aus Bauerwitz, Leobschütz und Umgebung. Die Ursprünge meines Vaters und seiner Familie liegen in Rudgershagen (heute polnisch Rudziniec), Laband und Gleiwitz.

Mein Vater war Lokführer bei der Eisenbahn in Ratibor. Er wurde zweimal Witwer und starb selbst sehr jung, mit nur 38 Jahren.

Ich hatte fünf Halbbrüder, drei sind in dem unseligen Krieg geblieben. Ich war die jüngste der Geschwister und durfte die private Mittelschule der Ursulinerinnen besuchen. Mein Schulweg führte durch die Baumallee an der Evangelischen Stadtpfarrkirche (siehe S. 113 Foto rechts). Leider hat man die im Krieg nur leicht beschädigte Kirche zu Beginn der »Polenzeit« einfach abgerissen und die Ziegelsteine zum Wiederaufbau nach Warschau geschafft …

Wir haben bis 1961 in der Tropaner Straße gewohnt, im Stadtviertel Neugarten. Oft habe ich Glatz (heute polnisch Kłodzko) und Neisse (polnisch Nysa) besucht. Meine Enkelin hat viele Jahre

Ratibor, Bahnhof und Postamt

Ratibor, ev. Stadtpfarrkirche

dort gewohnt und ich war immer gern zu Gast bei ihr oder lieben Freunden. Jetzt ist sie nach Breslau umgezogen und mir fällt das Reisen langsam schwer, aber wir telefonieren oft miteinander.

Meine Mutter war eine sehr gute Köchin und so manches Gericht aus Ihrem »Schlesienkochbuch« (Familienrezepte aus Schlesien) kam auch bei uns auf den Tisch. Ich liebte besonders die süßen Speisen, z. B. Hefeklöße mit Blaubeerensoße (eingekochte Blaubeeren verdickt mit Kartoffelmehl oder Speisestärke und mit Zucker abgeschmeckt.)

Die Mohnklöße mit der Weihnachtssoße »Motschka« gab es nur am Heiligen Abend. Diese Weihnachtssoße wurde aus einer Brühe von Pastinaken und getrocknetem Obst wie Äpfeln, Birnen, Pflaumen oder Morellen hergestellt. Nach dem Kochen wird die Pastinake wieder entfernt. In diese Brühe kommen einfacher Lebkuchen, Rosinen, Nüsse und Mandeln. Sie wird mit einer leichten Buttereinbrenne angedickt und dann mit etwas saurer Sahne und Zucker abgeschmeckt.

Zu den Weihnachtsleckereien gehörten auch Nußkekse. Dafür vermischt man Butterkeksteig mit gemahlenen Nüssen, rollt den Teig dünn aus und sticht mit einem Wasserglas runde Kekse aus. Nach dem Backen (ca. 10–15 Minuten bei 180 Grad) kommt in die Mitte von zwei Keksen Pflaumenmus oder Marmelade. Zum Schluß werden die Kekse noch glasiert. Für die Glasur auf einen Topf mit kochendem Wasser eine Schüssel stellen. Dahinein Butter, Staubzucker und etwas frisch gebrühten Bohnenkaffee geben und unter Hitze rühren, bis es eine dickliche Masse ist. Dann werden die Kekse damit bestrichen und mit einer halbierten Haselnuß verziert.

Ich habe das Rezeptbuch von meiner Mutter beigelegt. Da können Sie alle Rezepte nachlesen.«

GRÜNKERNSUPPE
Ratibor 1930

1 kg Gemüse (Möhren, Kohlrabi, Porree) • 2 Zwiebeln
50 g Fett (Margarine oder Schmalz)
1 Würfel frische Hefe oder 1 Tütchen Instanthefe
1 kg Kartoffeln • Salz nach Geschmack
1 Bund Petersilie • 2 EL Schnittlauchröllchen

☛ Das fein geschnittene Gemüse im Fett mit den Zwiebelwürfelchen andünsten. Die Hefe hineinbröckeln oder Trockenhefe darüber streuen. Mit warmem Wasser angießen und das Gemüse weich kochen lassen.

Inzwischen die Kartoffeln schälen und klein würfeln. Die Kartoffelwürfel an das fast zerkochte Gemüse geben und weich kochen. Dann noch einmal abschmecken. Der Gemüsegeschmack darf nicht überdeckt werden.

Den fertigen Eintopf mit gehackter Petersilie und Schnittlauchröllchen bestreuen.

RATIBORER GEMÜSESCHNITZEL, 1935

300 g Möhren • 300 g Kohlrabi • 300 g Bohnen • 200 g Erbsen
500 g Kartoffeln • 1 Würfel frische Hefe
2 EL Küchenkräuter (Petersilie, Dill, Schnittlauch)
1 Ei • weißer Pfeffer, Salz • 1 EL Paniermehl
1 TL Weizenmehl • Fett zum Braten

☛ Das Gemüse putzen, in kleine Stücke schneiden und in Salzwasser weich kochen. Durch die flotte Lotte drehen und pürieren. Die geschälten Kartoffeln kochen und ebenfalls durchpressen. Die Masse vermischen und Hefe dazubröckeln. Dann mit aufgeschlagenem Ei und den fein geschnittenen Kräutern vermengen und mit Salz und Pfeffer abschmecken. Aus der Masse kleine Buletten formen. Weizen- und Paniermehl vermischen und darin die Gemüsebuletten wälzen und im heißen Fett braun braten.

DER SCHLESISCHE MÖHRENKUCHEN

50 g Margarine • 125 g Zucker • 500 g Möhren
1 Päckchen Vanillezucker • 4 Spritzer Zitrone
etwas Salz • 250 g Weizenmehl
1 Päckchen Backpulver • 5 EL Milch

☛ Die Margarine geschmeidig rühren, vom Zucker 1 EL voll dazugeben. Die Möhren schälen und fein reiben und mit Vanillezucker, Zitrone, Salz und Mehl-Backpulver-Gemisch zur Margarine geben. Alles mit der Hand gut kneten und nach und nach die Milch zufügen. Eine Kastenform fetten und den zähen klebrigen Teig hineinfüllen. Bei 150 °C ca. 60 Minuten backen. Den Kuchen stürzen, mit dem restlichen Zucker bestreuen und nach dem Erkalten in feuchtes Pergamentpapier hüllen. Das hält den Kuchen lange frisch.

TIP: Besonders gut schmeckt der Möhrenkuchen, wenn er noch heiß mit Honig bestrichen wird.

Emma Franke, 1920

Die Hauswirtschaftslehrerin Emma Franke aus Gleiwitz

In einem großen, altertümlichen Pappkoffer bewahrt die nun selbst über 80jährige Henriette Franke die Hinterlassenschaften ihrer 1988 verstorbenen Großtante Emma (1900–1988) auf.

Emma Franke wird als einzige Tochter des Hüttenmeisters August Franke und seiner Frau Hermine Franke, geb. Schmidt, am 12. Mai 1900 in Gleiwitz geboren. 1905 folgt der Bruder Wilhelm Franke, der Großvater von Henriette Franke.

Der Hüttenmeister Franke übernahm das kleine Haus seiner Schwiegereltern um 1900, nach dem Tod seines Schwiegervaters. Am Tage arbeitete er in den Hallen der riesigen Fabrik Obereisen und nach Feierabend bestellte er die kleinen Felder am Ufer des Klodnitzkanales, der Verbindungswasserstraße zwischen der Oder und Gleiwitz.

Bereits 1915 starb Hermine Franke und die Tochter Emma übernahm nun für ihren 10jährigen Bruder Wilhelm

Hermine Franke (r.) mit dem kleinen Wilhelm und Tochter Emma, Februar 1907
Das größere Mädchen daneben heißt Erna Zettritz und wohnte in der Nachbarschaft.
Erna Zettritz sollte im Leben von Emma Franke noch eine große Rolle spielen.

und für den Haushalt die mütterlichen Pflichten. 1920 kam der Vater bei einem Betriebseisenbahnunglück nahe Gleiwitz ums Leben. Der kleine Hof mit den beiden Feldern wurde versteigert. Bettelarm standen die beiden Franke-Kinder da.

In dieser schweren Zeit half Erna Zettritz. Sie arbeitete als Hausmädchen in der Villa des Großindustriellen Hegenscheidt. Dieser war für seine soziale Einstellung in Gleiwitz bekannt. Emma bekam die Möglichkeit, bei der Herrschaftsköchin Wilhelmine Gutknecht das Kochen zu erlernen. Der sehr begabte fünfzehnjährige Wilhelm Franke konnte sogar eine höhere Schule in Gleiwitz besuchen. Gemeinsam wohnten die Franke-Kinder und Wilhelmine Gutknecht in einem Häuschen hinter der Herrschaftsvilla.

Emma Franke besuchte die höhere Hauswirtschaftsschule in Gleiwitz und schloß ihre Ausbildung im Alter von 24 Jahren mit dem Prädikat »Ausgezeichnet« ab. Groß war ihre Freude, als die Schulleitung ihr anbot, an dieser Schule die Anfängerinnen zu unterrichten. Bis 1932 arbeitete sie als Lehrerin an der Ersten Hauswirtschaftsschule in Gleiwitz.

Ihr Bruder Wilhelm studierte in Breslau Maschinenbau und gründete selbst eine Familie. Er lernte 1926 die Maschinenbauzeichnerin Hilde Sonnenschein kennen und heiratete bald darauf. 1927 wurde Sohn Egon geboren.

Nach dem Ausbruch des Zweiten Weltkrieges erhielt der Ingenieur Wilhelm Franke einen Arbeitsplatz im Heeresersatzamt in München und die ganze Familie siedelte nach Dillingen über. Wilhelm Franke kaufte hier ein Häuschen und zog mit seiner Familie und seiner Schwester Emma hierher um. So arbeitete Emma Franke in einer Schule des BDM (Bund Deutscher Mädchen) und lehrte die heranwachsenden Mädchen Kochen und Kinderpflege.

Die typische schlesische Küche begleitete sie auch in dieser Zeit und so schien es nahe liegend, daß sie selbst ein Schlesisches Kochbuch veröffentlichen wollte. Der Krieg ließ für solche Vorhaben jedoch keinen Raum.

1944 kam Emma Frankes Lebensgefährte Herbert Rüger im Krieg ums Leben. Henriette Franke erinnert sich noch, wie der stille und ernste Mann bei jedem seiner Heimaturlaube die Textentwürfe seines lieben »Emmchens«, wie er sie immer nannte, genau durchlas. Er war ebenfalls Koch und in einem der größten Breslauer Hotels angestellt. Genau wie seine Liebste war auch er gebürtiger Schlesier. Zu Hause sprach man nur im schlesischen Dialekt.

Gleiwitz im Sommer 1930
Herrschaftsköchin Wilhelmine Gutknecht (l.) und die Kindheitsfreundin von Emma Franke, Erna Zettritz, bei einem Spaziergang nahe der Villa Hegenscheidt

Emma Franke nahm 1946 eine Stelle in einem Ulmer Krankenhaus an und arbeitete in der Küchenverwaltung. Bis zur Pensionierung 1965 war sie mehreren Küchenchefs eine unersetzliche Hilfe. Sie kümmerte sich hauptsächlich um die aufwendige Buchführung. An manchem Wochenende half sie auch in der Hauptkrankenhausküche aus und kochte (zum Erstaunen der jungen Fachkollegen) auf ihre schlesische Küchenart. Hochbetagt starb sie 1988.

NEUES UND SPARSAMES FÜR JEDE TAGESZEIT
Auszüge aus dem unveröffentlichten Originalmanuskript von Emma Franke

KARTOFFELMEHL AUS KARTOFFELSCHALEN

Tante Emma stellte auch noch lange Zeit nach dem Krieg ihr Kartoffelmehl nach dieser Rezeptur selbst her.

1 kg Kartoffelschalen ergeben 50 g reines Kartoffelmehl.

☛ Kartoffelschalen durch die feine Scheibe des Fleischwolfes drehen. Die Masse in ein Sieb geben und dieses dann wiederum in einen tiefen Topf hängen. Man beachte, daß dieses Sieb nur zur Hälfte gefüllt ist.

Solange Wasser darüber gießen, bis das Wasser unten im Topf klar ist. Man sollte die Masse immer wieder umrühren und auspressen. Die weiße Kartoffelstärke setzt sich im Topf unten ab. Nach etwa einer viertel Stunde wird das Wasser abgegossen und die Stärke mit den Händen etwas zerrieben und auf Papier getrocknet. Das weiße Pulver in einem Glas aufbewahren.

ZUM FRÜHSTÜCK: SCHLESISCHE MOLKESUPPE

☛ 1 Liter Molke wird mit ½ Liter Wasser vermischt und eine Stunde stehen gelassen. Man rührt in etwas kaltem Wasser 50 Gramm Weizenmehl an und gibt es in die kalte Molke. Die Molke wird dann langsam erhitzt und kann anschließend noch 10 Minuten am Herdrand ausquellen. Mit Salz und gemahlenem Kümmel abschmecken. Dann röstet man in etwas guter Butter Weißbrotwürfel an und gibt diese vor dem Servieren in die warme Suppe.

In vielen mir zugesandten handgeschriebenen Familien-Haushaltskochbüchern fand ich ähnliche Zubereitungen. Viele dieser Suppen werden als Wöchnerinnensuppen bezeichnet. Bevorzugt wurde diese Suppe bei Krankheiten, in der Schwangerschaft oder im Wochenbett gekocht.

SCHLESISCHER KARTOFFELAUFLAUF
nach Wilhelmine Gutknecht, Gleiwitz um 1925

1 kg Pellkartoffeln • 2 Zwiebeln • 100 g Schinkenspeck
200 g Edamer oder Harzer Käse • 4 Eier • ¼ l Milch
Salz und Kümmel • Butter zum Ausstreichen der Auflaufform
1 Bund Schnittlauch

☛ Kartoffeln kochen und pellen. Nach dem Erkalten in dünne Scheiben schneiden. Zwiebeln schälen, in kleine Würfelchen schneiden und in dem fein würflig geschnittenen Schinkenspeck anrösten. Käse in dünne Blättchen schneiden. Die Eier aufschlagen, gut durchschlagen und in die kalte Milch einquirlen. In dieses Gemisch Salz und Kümmel geben.

Beim Abschmecken sollte man das Gefühl haben, daß die Mischung etwas zu stark gewürzt ist.

Eine Auflaufform leicht buttern und Schicht für Schicht Kartoffelscheiben, Schinken-Zwiebelmasse und Käse hineinlegen. Die letzte Schicht sollte Käse sein.

Über die Kartoffelschichten die stark gewürzte Eier-Milch-Mischung gießen. Mit den Händen die Masse ruhig noch niederdrücken, so daß die Milch bis zum Rand stehen kann. Den Auflauf bei Mittelhitze (150 °C) eine halbe Stunde backen lassen. Kurz vor dem Servieren den frisch geschnittenen Schnittlauch darüber streuen.

Im Hause Hegenscheidt wurde zu diesem Kartoffelauflauf eine einfache Kräutersoße gereicht. Wilhelmine Gutknecht sammelte frische Gartenkräuter, hackte sie und gab sie kurz vor dem Servieren in eine weiße Grundsoße (Butter, Mehl und Brühe zu einer sämigen Soße verkocht).

LEBERKNÖDEL
nach Wilhelmine Gutknecht, Gleiwitz um 1922

4 EL Dinkel-Schrot (muß einen Abend vorher
in Wasser eingeweicht werden, gut ausdrücken)
3 Scheiben Schwarzbrot • 1 Kaffeetasse Wasser
100 g Leberwurst • 3 TL Weizenmehl
Salz und Pfeffer nach Geschmack

☛ Den am Vorabend eingeweichten und gut ausgepreßten Dinkelschrot am Kochtag mit den Brotwürfeln nochmals einweichen. Nach einer Stunde die Wurst, das Weizenmehl und die Gewürze dazugeben und alles gut durchkneten, kleine Klöße formen und diese in Salzwasser gar ziehen. (Die Klößchen dürfen nicht kochen und müssen vor dem Verzehr eine viertel Stunde im heißen Wasser oben schwimmen.)

Dazu gab es eine Kapernsoße und Petersilienkartoffeln.

KOCHKÄSE NACH EMMA FRANKE
Gleiwitz 1934

¼ l Milch • Salz und Kümmel nach Geschmack
1 TL Öl • 2 EL Grieß • 250 g Quark
1 TL Natron

☛ Milch mit Gewürzen und Öl aufkochen, Quark und Grieß zugeben und gut verrühren. Natron zufügen, nochmals aufkochen, bis die Masse gelblich aussieht. In eine Schüssel geben, handwarm werden lassen und in runde Käse formen. Bis zum Verzehr kühl lagern.

Oberschlesische Rezepte von Marie Meyer – Gleiwitz um 1900

Das Stadtwappen von Gleiwitz, angefertigt von Gustav Freidrich um 1935

In Oberschlesien kontrastieren weiträumige Industriegebiete im Norden mit ursprünglicher oder bäuerlich geprägter Natur im Süden (links der Oder). Sanfte Bodenwellen, Kirchtürme mit barocken Fassaden und Türmen, Obstbäume und lichte Baumgruppen bieten dem Auge Halt; weiter im Osten stehen noch dichte, dunkle Nadelwälder. Die Herrschaftsübernahme durch Preußen (1742) brachte Oberschlesien wirtschaftlichen Aufschwung. Mit dem Bau der Königlichen Eisenhütte und der Inbetriebnahme des ersten Kokshochofens auf dem europäischen Festland (1796) setzte die Industrialisierung ein, in deren Verlauf sich das nördliche Oberschlesien um Gleiwitz und Kattowitz zu einem Zentrum des Bergbaus und der Eisenindustrie entwickelte. Auch Kunstgießereien, die Schmuck, Plaketten und Medaillen herstellten, entstanden seit 1798. 1813 wurde hier das erste Eiserne

Kreuz gegossen. Mit der Anbindung an die ostschlesische Eisenbahnlinie 1845 entwickelte sich Gleiwitz zum größten Güterbahnhof im seinerzeitigen Osten Deutschlands.

In Gleiwitz liegen auch die Wurzeln der heute in Leipzig heimischen Familie Meyer. Marie Meyer, die Mutter von Eduard Meyer, wurde 1888 in Gleiwitz als Kind einer Wäscherin und eines Bergmannes geboren. Der Vater starb 1900 bei einem Bergrutsch. 1904 begann Marie ihre Lehre bei der Hausköchin des Direktors der Oberschlesischen Hüttenwerke in Gleiwitz, bei der jüdischen Familie Lemberg. Das kinderlose Paar schloss das fleißige Mädchen ins Herz und unterstützte großzügig ihre Ausbildung zur Zeichen- und Turnlehrerin am Liegnitzer Seminar. Auch die Mutter, die im Lembergschen Haushalt die Wäsche wusch, sparte sich für ihre Tochter jede Reichsmark ab.

Zwischen 1910 und 1920 war Marie an einer Privatschule in Hannover tätig. Gern kochte sie für ihre Kolleginnen echt schlesische Küche, vorzugsweise die Gerichte, die die Mutter und die Hausköchin ihr gezeigt hatten. Die Rezepte hielt sie in einem eigens dafür angelegten Kochbuch fest.

1920 lernte sie in Hannover den Polizeihauptmann Erwin Mennert kennen, wurde schwanger und gab deshalb ihren Beruf auf. Sie zog in die Mennertsche Villa zu ihrem Lebensgefährten und dessen Mutter, die von der Wahl ihres Sohnes nicht begeistert war, was sie die junge Mutter bei jeder Gelegenheit deutlich spüren ließ. Da Erwin seiner künftigen Frau nicht beistand, kehrte Marie 1923 zu ihrer schwerkranken Mutter nach Gleiwitz zurück. Neben ihrer Arbeit als Lehrerin an verschiedenen Mädchenschulen in Gleiwitz pflegte Marie noch die Mutter, bis diese 1928 starb. Wieder waren es die Lembergs, die ihr und ihrem nun achtjährigen Sohn halfen, indem sie ihnen eine Wohnung verschafften. Herr Lemberg starb um 1939 auf einem KZ-Transport; man warf ihn irgendwo hinter einem Bahnhof unweit von Oppeln aus dem Zug und ließ ihn von anderen Juden begraben; das Schicksal der Ehefrau ist ungewiss geblieben.

1940 zogen Marie und ihr Sohn auf eine Stellenanzeige hin nach Leipzig, wo Frau Meyer bis 1954 an einer Förderschule arbeitete. Sie starb 1969.

Sohn Eduard ist heute 82 Jahre alt und noch ganz »auf der Höhe«, wie er meint. Als Gefreiter überlebte er den Zweiten Weltkrieg, weil er frühzeitig in englische Gefangenschaft geriet. Er lernte fließend Englisch sprechen. So konnte er, nach dem Pädagogik-Studium in Halle, den Lehrermangel in der damals erst gegründeten DDR für sich nutzen. Bis 1987 arbeitete er als Oberstudienrat. Seine Frau Erika bekocht ihn noch heute mit schlesischen Gerichten nach der Art der Schwiegermutter.

Die Freundinnen in Hannover, vorn rechts Marie Meyer 1915

Die Meyer-Rezepte

- Originaltexte -

SCHLESISCHES HUHN IN GELEE

☛ Das Fleisch eines abgekochten Suppenhuhns wird vom Knochen abgelöst. Dann schneide man hartgekochte Eier und kleine Pfeffergürkchen in kleine, zierliche Stückchen. Aus ½ Liter Fleischbrühe, ein wenig Essig, Salz, Pfeffer und 8 Blatt weißer Gelatine eine Sülze kochen.

In eine Porzellanform gibt man zuerst einige Löffel Sülze und dann einige Eischeiben, Pfeffergürkchenfächer und einige Petersilienstengel. Dann gibt man das Fleisch hinein und gieße den Rest der Sülze darüber.

GEKOCHTE EIER MIT TOMATEN IN ASPIK

☛ 8 hart gekochte Eier werden geschält und geviertelt. 8 Tomaten enthäuten und achteln. Dann Sülze wie folgt zubereiten: 6–8 Blatt Gelatine in kaltem Wasser einweichen. Gut ausgedrückt unter ½ l heiße, gesiebte Hühnerbrühe geben und vorsichtig aufkochen. In eine Ringform etwa 1 cm hoch Sülze geben.

Zu Gelee erstarren lassen und dann abwechselnd Tomatenachtel und Eiviertel darauf geben. Dann den Rest des Gelees darüber gießen. Alles erstarren lassen, die Ringform auf eine Platte stürzen und in die Mitte einen einfachen Kartoffelsalat geben. Hier ist besonders zu beachten, dass die Kartoffeln sehr fein geschnitten sind.

GLEIWITZER GEMÜSETOPF um 1900

☛ Geschälte Kartoffeln werden in Salzwasser leicht abgekocht und dann sofort in Scheiben geschnitten. Mageres Rindfleisch schneidet man in Würfel und bestreut es mit Salz, Pfeffer und reichlich mit kleingeschnittener Zwiebel und bräunt es in Butter an.

Zu empfehlen ist aber auch Speck.

In einen hohen Topf legt man Speckscheiben, Kartoffelscheiben und Fleisch schichtweise hinein. Dünn geschnittener Porree, kleine Möhrenwürfel und Bohnen, welche man vorher blanchiert hat, kommen ebenfalls hinzu und alles wird mit einer kräftigen Brühe aufgegossen.

Den Topf gut verschließen und zwei Stunden bei mittlerer Hitze köcheln lassen.

Empfehlung des Autors für die Zutatenmengen:
1 kg Kartoffeln • 1,5 kg Rindfleisch, durchwachsen
Salz und Pfeffer nach Geschmack • 500 g Zwiebeln
250 g Speck, durchwachsen • 2 Stangen Porree
1 Bund Möhren oder 350 g Möhren, gewürfelt
350 g grüne Bohnen

RHABARBER-STREUSEL-KUCHEN

1 kg Rhabarber • 300 g Weizenmehl • 175 g Zucker
125 g Butter • 50 g Marzipanrohmasse • 2 Eier
1 TL Backpulver • 8 EL Haferflocken • 4 EL Milch
Puderzucker zum Bestäuben
Backpapier

☛ Rhabarber putzen und waschen, in kleine Stücke schneiden*. Für die Streusel 125 Gramm Mehl und 75 Gramm Zucker mischen und mit 75 Gramm Butter vermengen**. Die Streusel beiseite stellen. Für den Teig das Marzipan würfeln, mit 50 Gramm Butter und 100 Gramm Zucker schaumig rühren. Eier nach und nach unterrühren. 175 Gramm Mehl, Backpulver und Haferflocken mischen. Abwechselnd mit der Milch kurz unterrühren.

Eine Backform mit dem Backpapier auslegen und den Teig einarbeiten. Sorgfalt muss in den Ecken (Boden zur Wand) angewendet werden.

Mit einer Gabel in den Boden stechen, damit der Teig beim Backen keine Blasen schlägt. Den Rhabarber einfüllen und gleichmäßig verteilen. Die Streusel auf den Kuchen verteilen und im vorgeheizten Backofen bei 180 Grad 1 Stunde backen. Auskühlen lassen und mit dem Puderzucker bestreuen.

Tips des Verfassers zu diesem schönen Rezept:

* Sollten Sie gefrosteten Rhabarber verwenden, dann bitte den Rhabarber in einer Porzellanschüssel im Kühlschrank über Nacht auftauen lassen.

** Am günstigsten ist es, erst das Mehl-Zucker-Gemisch zu bereiten und dann die leicht angewärmte Butter mittels elektrischem Handrührgerät (Knethaken verwenden) unterzuarbeiten.

Rezepte der Familie Kirchner aus Oppeln

Das Stadtwappen der Stadt Oppeln um 1930
Solche Scherenschnitte fertigte Erna Kirchners einstiger Bräutigam, Gustav Freidrich, von allen schlesischen Städten nach historischen Vorbildern und verkaufte sie an Stadtbesucher in Breslau. Mehrmals war er dabei von den Behörden als nicht gemeldeter Händler verhaftet worden.

Der Name Kirchner ist in Thüringen weit verbreitet. Viele Kirchners sind ab 1900 aus Schlesien ins Thüringische gekommen, noch mehr nach 1944. Die Familiengeschichte von Erna Kirchner ist typisch für viele schlesische Familien. Ihre Kindheit verlebte sie in der schönen Stadt Oppeln, heute polnisch Opole, an der Oder. Die Stadt Oppeln mit ihren vielen Brücken war früher ein großer Verkehrsknotenpunkt, und Erna Kirchner ging als kleines Mädchen oft an der Hand des Vaters zum Bahnhof und schaute den langen Fernzügen hinterher. Die Großeltern besaßen in Oppeln ein kleines Hutgeschäft.

Die Ur-Ur-Ur-Großeltern waren Mitbegründer der Gemeinde der Katholischen Pfarrkirche zum Heiligen Kreuz. Das Wohlergehen der Kirche, die ab 1972 offizielle Kathedralkirche in Polen wurde, ist lange Familienthema gewesen. Im Wohnzimmer von Erna Kirchner hing ein Bild dieser Kirche.

Das kulturelle Leben in Schlesien war bunter und reicher als in anderen Teilen Deutschlands. Die Eltern und auch die Großeltern Kirchner waren begeisterte Theateranhänger. Einmal im Monat fuhren sie nach Breslau in das bekannte Lobe-Theater, wo sie so beliebte Schauspieler wie Käthe Gold, Fita Benkhof und den von der Mutter sehr verehrten Heinz Rühmann erleben konnten.

Erna Kirchner selbst ging als junges Mädchen sehr gern in die Breslauer Oper. Sie sah für die damaligen Zeiten sehr gewagte Aufführungen von Brecht und Hindemith. Oft besuchte sie auch die Museen und Szenekneipen der Stadt. Bei diesen Ausflügen lernte sie den jungen Maler Gustav Freidrich (1915–1944) kennen, der sich als Porträtmaler und Kitschpostkartenmaler versuchte. Gustav Freidrich entstammte einer Oppelner Arbeiterfamilie, die sich das Kunststudium für den einzigen Sohn vom Munde abgespart hatte. Sein künstlerisches Vorbild war Käthe Kollwitz, die seinen Malstil entscheidend beeinflusst hatte.

Es wundert nicht, dass seine Bilder sich nicht verkauften. Denn zu der Zeit, als Erna Kirchner und Gustav Freidrich sich ineinander verliebten, breitete sich die Angst vor einem Krieg immer mehr aus. Eltern und Großeltern Kirchner warnten vor dem zunehmenden Einfluss der Nationalsozialisten. Gustavs Bilder wurden aus Angst vor den Nationalsozialisten als »entartete Kunst« von einem Verwandten der Kirchners auf dem Hof verbrannt.

Ehe sie überhaupt das Glück einer Familie kennengelernt hatte, war es für Erna Kirchner zu Ende. Gustav Freidrich kam aus dem Krieg nicht zurück, irgendwo bei Stalingrad erstickte er im Schützengraben.

Schlimme Zeiten waren für die schlesischen Familien und ihre jüdischen Mitbürger angebrochen. Es gab einen richtigen Familienkrach, als Vater Kirchner einen jüdischen Freund vor dem Abtransport in ein Vernichtungslager im Keller, hinter einem Regal, in einer kleinen, fensterlosen Kammer versteckte. Man hatte Angst, denn auf solche Hilfe stand die Todesstrafe. Dem Freund gelang später die Flucht nach England.

Erna Kirchner kam nach der Vertreibung ins thüringische Sonneberg, wo ich sie kennengelernt habe. Trotz ihres hohen Alters erinnerte sie sich an die Vertreibungen nach 1945. Packend sprach sie von den Menschen, die lieber in die Oder gegangen sind, als ihre schlesische Heimat zu verlassen. Oft alte Menschen und solche, die Angst vor dem hatten, was auf sie zukam.

Klar und mit fester Stimme erzählte sie, dass sie jetzt keinen Hass mehr gegen sowjetische Menschen habe, obwohl sie als junges Mädchen im Zuge der Vertreibung mehrmals von Sowjetsoldaten und auch

Maria Kirchner, genannt Lenchen, geb. Fink. (1861–1919)
ganz rechts beim Kaffeekränzchen1905 auf dem Landgut Plotz in Brieg

von deren Offizieren vergewaltigt wurde. Lange konnte sie diese schrecklichen Erinnerungen mit niemandem teilen. Nicht einmal in der kirchlichen Gemeinde hörte man ihr zu. Erst im späten Alter fand sie in der Lektüre guter Bücher Kraft und Hilfe.

Die Arbeit wurde ihre Zuflucht. Erna Kirchner arbeitete lange Jahre im VEB Sternradio Sonneberg. Ihre geschickten Hände waren sehr gefragt. Oft half sie auch kranken oder in Not geratenen Bekannten. Doch im Herzen blieb sie allein, denn nie wieder konnte sie einem Mann vertrauen. Mit fast 90 Jahren zog sie zu Verwandten nach Berlin.

Weil sie selbst keine Nachkommen hat, schenkte Erna Kirchner mir das handgeschriebene, schon stark zerlesene Familienkochbuch für mein Archiv der handgeschriebenen Kochbücher.

Das Buch wurde traditionell von der Schwiegermutter an die Schwiegertochter weitergegeben. Nur Erna Kirchner, geborene Pfeilert, gab es an ihre Tochter weiter. Es beginnt 1836. Die Besitzerinnen des Kochbuches waren:

– Anne Kirchner, geborene Schmied, 1809 in Breslau, gest. 1864 in Oppeln. Sie gründete zusammen mit Emil Wilhelm Kirchner das Hutmachergeschäft.
– Reinhild Kirchner, geborene von Plotz, 1840 in Brieg, gest. 1923 in Oppeln.
– Maria (Lenchen) Kirchner, geb. Fink, 1861 in Breslau, gest. 1919 in Oppeln. Sie ist die Schreiberin des Rezeptes »Hühnchen im Wirsingmantel«.
– Erna Kirchner, geborene Pfeilert, 1895 in Oppeln, gestorben 1976 in Saalfeld
– Erna Kirchner, geboren 1914 in Oppeln und jetzt bei Berlin lebend.

Einige der schlesischen Küchenrezepte aus dem Kirchner-Kochbuch möchte ich im folgenden vorstellen.

HAUSSCHLACHTENES BEI KIRCHNERS
Oppeln um 1920

Beim Fleischer Klinger an der Ecke wurden immer gleich größere Mengen bestellt, es reichte dann für mehrere Gläser.

Zutaten für drei Ein-Liter-Gläser Hausschlachtenes:
1,5 kg Schweinebauch mit fester Schwarte (wurde immer extra bestellt, die Mutter behauptete: je fester die Schwarte, desto besser die Bindung)
Salz • schwarzer Pfeffer • 500 g Schweineleber • 500 g Zwiebeln
200 g Schweineschmalz, flüssig (beim Metzger kaufen)
4 Brötchen, altbacken (etwa 200 g) • 2 EL Thymian • 3 EL Majoran

☛ Den Schweinebauch in 5 cm große Würfel schneiden und im köchelnden Salzwasser solange kochen, bis der Schweinebauch fast zerfällt.

Die geputzte Leber in kleine Würfelchen schneiden und mit dem Schweinebauch vermengen. Die Brühe aufheben und durch ein Sieb geben. Die Brötchen in der Brühe einweichen. Die Zwiebeln feinwürfelig schneiden und im Schmalz glasig schwitzen. Aufpassen: Die Zwiebelwürfel sollen keine Farbe nehmen.

Jetzt die Brötchen ausdrücken und zusammen mit dem Fleisch-Leber-Zwiebelgemisch durch den Fleischwolf drehen. Mit Thymian, Majoran, Salz und Pfeffer abschmecken.

Die Wurstmasse in die ganz heiß ausgespülten Gläser füllen. Die Gläser sofort verschließen. Im Wasserbad in der Backröhre bei 200 Grad 30 Minuten lang garen.

HÜHNCHEN IM WIRSINGMANTEL, 1901

1 Kopf Wirsing (mindestens 1 kg) • Salz, Kümmel und schwarzer Pfeffer nach Belieben • 2 Hühnchen oder Hähnchen (beim Kauf darauf achten, dass man keine Suppenhühner erwischt) • 50 g Speck, aber richtig fetten! (Originaltext) • 100 g Schinken, roh • 100 g Butter

Besuch der Hauswirtsschaftsschule in Oppeln 1935
Erna Kirchner rechts hinter der Milchkanne, in der karierten Kittelschürze.

☛ Den Wirsingkohl putzen, waschen, die Blätter ablösen und in Salz-Kümmel-Wasser 5 Minuten kochen lassen. Dann herausnehmen, gut abtropfen lassen und die Rippen entfernen, weil die Rippen hart sind und außerdem etwas bitter schmecken.

Die Hühnchen gut waschen und innen und außen leicht salzen und pfeffern. Den Speck würflig schneiden und leicht glasig auslassen, dann erst den ebenfalls würflig geschnittenen rohen Schinken dazugeben.

Dann Schinken-Speckwürfel aus dem Topf nehmen, die Butter dazugeben und die Hühnchen in dem Fett rundherum schön goldbraun anbraten, herausnehmen und warm stellen. Den Topf mit den Wirsingblättern auslegen, dabei versuchen bis zum oberen Rand zu kommen. (Originaltext: Dies erfordert ein gewisses Maß an Geschick, wird aber durch den vortrefflichen Geschmack belohnt.) Die Speck-Schinkenwürfel immer dazwischen streuen. Die Hühnchen hineinlegen und mit den Kohlblättern schön einhüllen. 2 Tassen kochendes Wasser darüber gießen und den Topf gut verschließen. Die Hühnchen mindestens eine gute halbe Stunde auf mittlerer Flamme (Elektroherd: Stufe 2) köcheln bzw. schmoren lassen. Die Hähnchen werden längs halbiert und mit Klößen serviert.

Oppeln 1905

MOHN-»KLÖSSE«
Oppeln im Frühjahr 1915

Dieses Rezept wurde von Brunhilde Fink, der jüngsten Schwester von Marie Kirchner, eigenhändig in das Familienkochbuch eingeschrieben. Sie kochte es bei ihrem letzten Heimaturlaub in Oppeln am 12. November 1915, bevor sie als Lazarettschwester durch einen Granattreffer bei Verdun umkam.

250 g Mohn, gemahlen • 1 l Milch • 200 g Zucker
100 g Rosinen • 100 g Mandeln • 500 g Brötchen, altbacken

☛ Den Mohn in ½ l Milch, der Hälfte Zucker und den Rosinen aufkochen lassen und eine halbe Stunde beiseite stellen. Jetzt die Mandeln abziehen, d. h. ins kochende Wasser geben und dann sofort abziehen, dann mit einem großen schweren Messer sehr fein hacken. Die Brötchen in dicke Scheiben schneiden, die andere Hälfte der Milch mit dem Rest des Zuckers verrühren und über die Brötchenscheiben gießen. Alles gut einziehen lassen. Jetzt in eine Glasschüssel die Brötchenscheiben und die Mohnmasse abwechselnd einschichten.

In den Eisschrank stellen für mindestens 5 Stunden. Kalt aufschneiden und sofort servieren.

ERNA KIRCHNERS SCHLESISCHES HIMMELREICH
Bis heute so gekocht und bewundert

Nachdem ich dieses Rezept gekocht hatte, meldete ich Zweifel an bei Erna Kirchner. Ob es denn auch so schmecken müsse. Beim nächsten Besuch bei ihr bekam ich das »Himmelreich« vorgesetzt und war nicht enttäuscht. Es schmeckte genauso wie meine Probe.

500 g Backpflaumen • 500 g Schweinebauch, möglichst geräuchert
½ TL Zimt • abgeriebene Schale von einer gut gewaschenen Zitrone
50 g Butter • 50 g Weizenmehl • Salz und Zucker nach Geschmack

Wer es säuerlicher mag, sollte den Saft der Zitrone dazugeben.

☛ Die Backpflaumen über Nacht in kaltem Wasser einweichen. Den Schweinebauch in handliche Stücke schneiden und eine gute Stunde leise vor sich hin köcheln lassen. Dann die Backpflaumen mit dem Einweichwasser, dem Zimt und der abgeriebenen Zitronenschale dazugeben und alles eine weitere halbe Stunde köcheln lassen. Danach alles herausnehmen und über ein Sieb gießen und die Brühe noch einmal durchgießen. In einem anderen Topf Butter und das Mehl goldbraun anrösten und mit der Brühe aufgießen. Mit Zucker, Salz und evtl. Zitronensaft abschmecken. Den Schweinebauch in Scheiben schneiden und zusammen mit den Backpflaumen in der leckeren Soße noch einmal heiß werden lassen.

Dazu gab es immer die begehrten Semmelklöße.

Die Semmelklöße wurden in der Familie Kirchner fast genauso zubereitet wie vom Koch Heinrich Gersdorff (siehe Rezept Seite 206).

Die Schädlichs aus Oppeln – ein Familienkochbuch 1880–1943

Sommerausflug der Familie Schädlich
an die jetzige polnische Ostseeküste um 1900
August Schädlich und Editha Schädlich, geb. Lauban (1869—1949)
das Dienstmädchen Emilie Schubert aus Posen
hält Erna Schädlich (1898—1968) im Arm.

Auf die schlesischen Wurzeln legte man auch in Selma Schädlichs Familie immer Wert. Ihren Vorfahren gehörte in Oppeln die Gaststätte »Deutsches Haus«. Als 1921 der Polenputsch Tausende von Deutschen das Leben kostete, mussten sie nach 60 Jahren Familientradition die Wirtschaft aufgeben.

Der erste Schreiber des Familienkochbuches war ihr Großvater August Schädlich (1854–1923), gelernter Koch und von 1880 bis 1908 im Oxford Hotel in Paris als Koch beschäftigt. Aus dieser Zeit datieren die ersten Rezepte, die August Schädlich wahrscheinlich von Heimweh geplagt aus der Erinnerung aufgeschrieben hat. Weitere entstanden in der Zeit, als August Schädlich als Küchenchef in einem Hotel in Lemberg (heute russisch Lwow) gearbeitet hat, bis er die Gaststätte in Oppeln von den Schwiegereltern übernehmen musste.

Seine Tochter Erna (1898–1968) führte später das Kochbuch weiter. Sie wurde in Oppeln geboren, schon als 14jährige arbeitete das Mädchen in der großelterlichen Gastwirtschaft mit, besuchte später eine Haushaltsschule und arbeitete als Hilfsschwester.

Überall sammelte sie Küchenrezepte, denn mit Köchen verstand sie sich immer besonders gut. Auch der Vater ihrer Tochter Selma war – wie könnte es anders sein – ein Koch. Aber geheiratet hat Erna Schädlich nie. Übrigens auch Selma nicht – sei halt nicht so einfach mit den Mannsbildern, lacht sie dröhnend und zieht mit ihren 76 Jahren an ihrem Zigarillo. Schmunzelnd meinte sie, die Bekanntschaften seien aber immer Schlesier gewesen.

Über ihre Mutter Erna Schädlich erzählt sie, dass sie eine sehr realistische Einstellung hatte und die erzwungene Besetzung Polens durch die Deutschen verurteilte. Oft gab sie zu bedenken: »... Wenn es anders herum kommt, dann wird es für alle sehr ernst. Auch für die, die schon immer in Schlesien gelebt haben.« Ihre schlimmen Vorahnungen wurden bald Realität: Zwischen 1945 und 1950 wurden Millionen Deutsche aus den ehemals deutschen Ostgebieten jenseits der Oder-Neiße-Linie zwangsausgesiedelt oder mit Gewalt vertrieben. So auch die Familie Schädlich aus Oppeln, die nur weniges retten konnte. 1957 fanden sie schließlich in Sonneberg eine Heimat. Erna Schädlich arbeitete hier lange Jahre, noch über die Rente hinaus, als Köchin in einer Schulküche. Ihre Tochter Selma, die gegenwärtige Besitzerin des Familienkochbuches, lebt seit 15 Jahren bei ihren Kindern im vogtländischen Pausa.

SCHÄDLICHS WEIHNACHTSKARPFEN

Das erste Rezept im Schädlich-Kochbuch datiert mit dem 12. Dezember 1880. Wahrscheinlich hatte der junge Schädlich so viel Heimweh, dass er sich an die zu Hause gekochten Speisen erinnern wollte.
Noch heute wird in Pausa jedes Jahr zu Weihnachten der Karpfen nach diesem Rezept zubereitet. Es ist auch allgemein bekannt unter »Karpfen polnisch«.

1 Karpfen, etwa 2 kg schwer, lebend • Essig
Salz • Pfeffer • 1 große Kartoffel • 2 mittlere Zwiebeln
1 Lorbeerblatt • 4 Pfefferkörner
½ l Bier (Schwarzbier oder dunkles Bier)
100 g Lebkuchenbrösel oder Soßenkuchen
50 g Rosinen, aufquellen lassen • 50 g Mandeln, gehackt
Zitronensaft und Zucker nach Geschmack
50 g Butter

☛ Den Karpfen schlachten und das Blut auffangen. In das Blut etwas Essig einrühren, damit es an der Luft nicht gerinnen kann. Den Karpfen gut unter kaltem, fließendem Wasser ausspülen und austupfen. Innen salzen und mit einer großen, geschälten Kartoffel im Bauch in eine große Pfanne aufrecht hineinstellen. Alle Gewürze und die geschälten Zwiebeln in einem halben Liter Wasser aufkochen und über den Karpfen gießen. Bei 180 Grad 45 Minuten in der Pfanne garen. Karpfen auf eine vorgewärmte Platte legen und in den Karpfenfond das Bier, Rosinen, Mandeln und das Karpfenblut hineingeben und alles noch einmal aufkochen. Karpfen in Stücke teilen, in die Soße geben und 5 Minuten ziehen lassen. Die Butterflöckchen darüber geben. Dazu serviert man in Pausa immer Petersilienkartoffeln.

Lemberg um 1912

SCHÄDLICHS HEFEKNÖDEL – LEMBERG UM 1910

Dieses Rezept führte der Küchenchef Schädlich in Lemberg als Gruß aus Oberschlesien ein. Die Klöße wurden aufgerissen, wenn sie aus dem Dampf kamen und waren dann fast tellergroß.

400 g Weizenmehl • 1 TL Zucker • 20 g Hefe
1/8 l Milch • 1 Ei • 1 Prise Salz • 50 g Butter

☛ Aus Mehl, Zucker und der in lauwarmer Milch aufgelösten Hefe einen Teig mischen und eine gute Stunde an einen warmen Ort stellen. Mit einem Küchentuch abdecken.

Dann das Ei, eine Prise Salz und die zerlassene Butter zu dem Teig geben und alles kneten, bis der Teig Blasen schlägt. Klöße formen und noch einmal stehen lassen. Jetzt über einen Topf mit kochenden Wasser ein Tuch spannen und festbinden. Die Klöße auf das Tuch legen und 30 Minuten garen lassen. Dann herausnehmen, auf je einen Teller einen Kloß geben, die Klöße mit Hilfe von zwei Gabeln aufreißen. Mit brauner Butter, Zucker, Zimt oder einer heißen Pflaumensoße übergießen.

Bad Landeck um 1938

RINDFLEISCH MIT ROSINENSOSSE, BAD LANDECK 1925

1 kg Rindfleisch ohne Knochen • 50 g Rosinen
20 Stück Mandeln • 50 g Butter • 50 g Weizenmehl
½ l Fleischbrühe • Zitronensaft, Salz und Zucker nach Geschmack

☛ Das Rindfleisch in Salzwasser mehrere Stunden ohne Wurzelwerk und ohne jegliche andere Gewürze leicht kochen.

Die Rosinen waschen und in wenig Wasser bei schwacher Hitze ausquellen lassen, die Flüssigkeit aber aufheben. Die Mandeln brühen, abziehen und in kleine Stifte schneiden. Die Butter erhitzen und die Mandelstifte sowie die Rosinen anschwitzen, dann mit dem Mehl bestäuben. Mit ½ Liter Fleischbrühe aufgießen und das Rosinenwasser dazugeben. Die Soße eine gute halbe Stunde bei geringer Hitze köcheln lassen. Mit Salz, Zucker und Zitronensaft abschmecken. – Auch zu gebratenen Blutwurstscheiben oder zu weich gekochter Rinderzunge üblich.

Erna Schädlich als Hilfsschwester um 1926 in Bad Landeck

WEISSKRAUTEINTOPF MIT GEHACKTEM
um 1938

1 kg Weißkraut • 1 Ei
200 g Hackfleisch, halb Schwein und halb Rind
1 große Semmel, einweichen und ausdrücken • 2 mittelgroße Zwiebeln, feinwürflig schneiden • 100 g Bauchspeck, stark geräuchert
½ l Fleischbrühe • Salz • Pfeffer • 1 EL Kümmel

☛ Weißkohl in Streifen schneiden, waschen und abtropfen lassen. Gehacktes mit Ei, Semmel und der Zwiebel sowie Salz und Pfeffer vermengen. Den Speck in kleine Würfel schneiden und anbraten. Jetzt die Hackmasse dazugeben und so lange rühren, bis die Hackmasse schön braun ist.

Die Weißkrautstreifen unter das Gehackte geben und mit der Brühe aufgießen. Den Kümmel darüber streuen und mindestens eine halbe Stunde köcheln lassen. Mit Salz und Pfeffer abschmecken.

Heinrich Triebig, um 1920

Der »Schlesier« – Küchenchef Heinrich Triebig aus Breslau

Kurz nach dem Erscheinen der »Familienrezepte aus Schlesien« im Jahre 2003 meldete sich Familie Rosner aus Bad Nauheim ganz aufgeregt bei mir. Frau Rosner berichtete, daß auf ihrem Dachboden eine große Holzkiste mit Material von einem von 1920 bis 1940 sehr bekannten Bad Nauheimer Küchenchef stehen würde. Von diesem Herrn, den man überall nur den »Schlesier« nannte, weil er seinen Dialekt ganz bewußt pflegte, habe sie noch viel persönliches Material. Neugierig geworden, unterhielten wir uns lange und ich besuchte Familie Rosner in Bad Nauheim. Tatsächlich entpuppte sich der »Dachbodenfund« als eine Ansammlung von Raritäten für den Kochinteressierten. Auch zu den noch in Bad Nauheim ansässigen Verwandten von Heinrich Triebig fuhr ich und konnte bei meinem Besuch so manches über den Großonkel Heini, wie er genannt wurde, erfahren.

Originalfoto aus dem Tagebuch, um 1908 in der Breslauer Ernststraße
Der Lehrling Heinrich Triebig im dritten Lehrjahr auf dem Weg nach Hause. Unterm Arm trägt er seine Handwerkzeugtasche mit seinen persönlichen Messern, alle von der Firma Robert Kunde, Dresden. (Die Messer befanden sich zum Teil in der großen Kiste, die ich – der Autor – besichtigen konnte.)

Heinrich Triebig erblickte am 11. Oktober 1891 in Breslau als vierter Junge des Stadtaufsehers August Triebig und seiner Frau Käthe, geb. Borsig, das Licht der Welt. Er besuchte in Breslau die Schule und lernte im Breslauer Ratskeller die ersten Grundlagen der Kochkunst.

In seinem Tagebuch, welches er vom ersten Tag der Ausbildung an führte, berichtet er, daß im Breslauer Ratskeller die Berufsanfänger nicht wie üblich nur Hilfsarbeiten machen mußten. Zwar stand Heinrich am Anfang seiner Lehrzeit ebenfalls an der Topfspüle und mußte das Tafelsilber putzen. Gleichzeitig durfte er aber den großen Kohleherd beaufsichtigen und hatte dafür zu sorgen, daß während des Hauptmittagsgeschäftes eine gleichmäßig starke Hitze im Herd vorhielt. Er mußte regelmäßig Kohlen nachlegen und die Herdplatten mit Essig und Scheuerpulver putzen.

Stadttheater von Breslau, Schweidnitzerstraße

1912 ging der Jungkoch zum Leidwesen seiner Eltern in die prosperierende Reichshauptstadt Berlin. Dort nahm er sehr interessiert, mit offenen Augen und Ohren alles auf, was ihn fachlich voranbringen konnte.

Den Übergang zum Jahr 1913 erlebte Heinrich Triebig schon wieder in Schlesien. Der Trubel in der Großstadt Berlin und eine unglückliche Liebe zu einer Balletttänzerin ließen den jungen Mann nicht zur Ruhe kommen. Selbst eine Anstellung im damaligen Kempinski-Hotel konnte ihn nicht mehr in Berlin halten.

In einer deutschen Gaststättenfachzeitung las er, daß man in Liegnitz einen hoffnungsvollen jungen Koch suche, der sich auf vegetarische Gerichte spezialisiert habe. Da seine Freundin, die Balletttänzerin, Vegetarierin gewesen war, kannte er sich mit dieser Art der Küche bestens aus. Der Erste Weltkrieg brach aus. Glücklicherweise wurde der junge Triebig nicht einberufen, denn er arbeitete als Mietkoch an der königlichen Ritterakademie zu Liegnitz und war unabkömmlich. Sein Chef unterhielt die besten Verbindungen zur Musterungsstelle. Man befand Heinrich Triebig für kriegsdienstuntauglich, denn er war auf einmal halb blind.

Seinen Blick fürs schöne Geschlecht allerdings trübte das nicht. Auch Irmgard Naubert, Lehrerin am städtischen Lyzeum in Liegnitz, fand Gefallen an dem nun bereits zum Küchenchef in der Regina-Palmenhain-Gaststätte aufgestiegenen Heinrich Triebig. 1921 wurde geheiratet und als die Großeltern in Bad Nauheim 1925 kurz hintereinander starben, erbte ihre einzige Enkelin ein villenartiges Mehrfamilienhaus in der Homburger Straße. Die Ehe soll glücklich gewesen sein.

Der Küchenmeister Triebig war zu dieser Zeit schon ein weithin bekannter Fachmann für fleischlose Küche und man überhäufte ihn mit Arbeitsangeboten in Bad Nauheim. Bis 1937 arbeitete er im Kurhaus Carlton und dann bis 1944 im Auguste-Victoria-Hotel. Von ihm war bekannt, daß er auch im größten Küchentrubel die Ruhe behielt.

Im Februar 1945 verstarb Heinrich Triebig an den Folgen einer Lungenentzündung. Irmgard und Heinrich Triebig hatten selbst leider keine Kinder und das Haus in der Homburger Straße fiel an die Kinder von Irmgards Bruder. Diese verkauften dann 1953 nach Irmgards Tod das Haus an die Eltern von Herrn Rosner.

1960 deckte ein starker Sturm Teile des Daches ab. Der Dachstuhl wurde komplett erneuert. Bei diesen Arbeiten entdeckten die Dachdecker die Kiste, die Heinrich Triebig 1944 hinter einer Holzverkleidung im Boden versteckt hatte. So wurde plötzlich ein Lebensschicksal wieder lebendig, dessen Spuren bis dahin weitgehend verschwunden schienen.

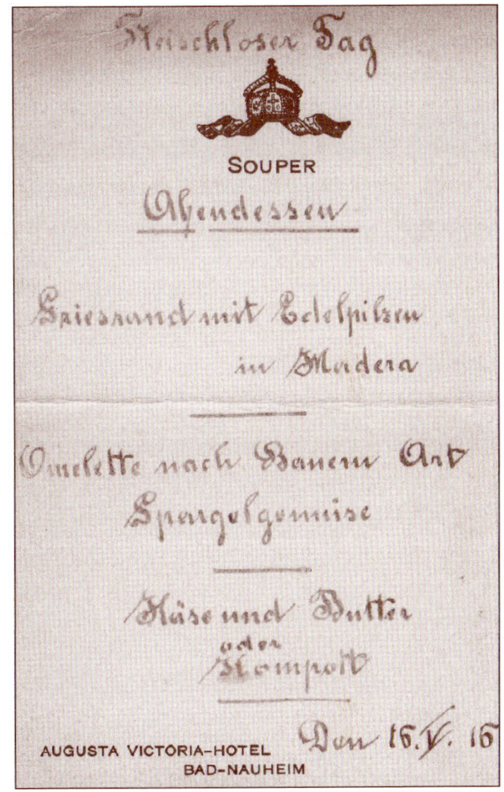

Tischkarte
aus dem Auguste-Victoria-Hotel, Bad-Nauheim, 1916.
Heinrich Triebig regte sich in seinem Tagebuch darüber auf, daß er diese schon mehrere Jahre alten Tischkarten verwenden mußte.

DER SAUERKRAUTEINTOPF
Schlesische Sauerkrautspezialität

500 g Kartoffeln • 2 Zwiebeln • 250 g Möhren
250 g Sellerie • 2 EL Öl • 2 EL Tomatenmark
1 Messerspitze Kümmel, gemahlen
Salz und Pfeffer nach Geschmack
¼ l Gemüsebrühe (auch Instantbrühe)
500 g Sauerkraut, frisch und fein gewiegt • saure Sahne

☛ Kartoffeln, Zwiebeln, Möhren und Sellerie putzen und fein würfeln. In einem hohen Topf das Öl erhitzen. Dann das fein gewürfelte Gemüse und die Kartoffelstücke hineingeben, anschwitzen, das Tomatenmark und alle Gewürze dazugeben und anschließend mit der Gemüsebrühe aufgießen.

Eine viertel Stunde gut durchköcheln und das Sauerkraut hinzufügen. Nochmals eine viertel Stunde köcheln.

Serviert wird diese köstliche Suppe mit einem Klecks saurer Sahne.

SCHLESISCHER SAUERKRAUTAUFLAUF

1 kg Kartoffeln • ¼ l Milch • 3 Prisen Salz • 1 Messerspitze Majoran
1 TL Petersilie, gehackt • 1 TL Dill, fein geschnitten
1 TL Schnittlauch, fein geschnitten • 1 große Zwiebel
40 g Butter • 2 TL Semmelmehl • 500 g Sauerkraut, fein gehackt
4 gehäufte EL würziger Reibekäse

☛ Die Kartoffeln in der Schale kochen, dann pellen, in die Kartoffelpresse geben und zerdrücken. Zur Kartoffelmasse die Milch, alle Gewürze, die feingehackte große Zwiebel und die Kräuter geben.

In einer feuerfesten Form die Hälfte der Butter verteilen, mit der Hälfte Semmelmehl ausstreuen. Die eine Hälfte der Kartoffelmasse hineingeben und mit Sauerkraut bedecken. Dann die übrige Hälfte der Kartoffelmasse aufstreichen.

Darüber den Rest Semmelmehl und den Reibekäse verteilen.

Butterflöckchen obenauf setzen und den Auflauf eine halbe Stunde in der Röhre bei Mittelhitze backen (150 Grad).

Sauerkraut-Rezepte finden sich übrigens in vielen schlesischen Familienkochbüchern, die Vielfalt von Speisen auf Sauerkrautbasis ist erstaunlich.

SCHLESISCHE VEGETARISCHE SÜLZE
für vier Personen
- Originaltext -

☛ 250 g gekochte, grüne Erbsen, 1 Blumenkohl, gekocht und klein geschnitten, 250 g gedünstete, abgetropfte Pilze, 250 g gekochte Karotten werden kleinwürflig geschnitten und mit 500 g ebenso geschnittenen Salzgurken, 5 hart gekochten Eiern und 5 mittelgroßen Tomaten gemischt. Jetzt hole man 10 g Gelatine (besser ist aber Agar-Agar *, gibt es im Reformhaus).

Die Gelatine wird im kalten Wasser eingeweicht und ausgedrückt und in einem kleinen Topf leicht erhitzt. Nicht zu stark, sonst verliert sich die Bindung der Gelatine.

Jetzt erwärmt man einen Liter Gemüsebrühe und rühre die nun flüssige, dickflüssige Gelatine in die warme Gemüsebrühe ein. Man nehme eine Kuchenkastenform und spüle diese mit kaltem Wasser aus. Dann kommen die Zutaten in die Form und man gieße die Gemüsebrühe darüber. Ein paar Stunden wird alles kalt gestellt und dann gestürzt.

Dazu reiche man eine Remouladensoße, die aus Mayonnaise, geraspelten Äpfeln, Delikateßgurken und gekochten, fein gewiegten Möhren besteht. Dazu gibt es Bratkartoffeln.

* Zur Handhabung von Agar-Agar: 10 g Agar-Agar schneidet man recht fein, wäscht es schnell kalt ab, drückt es aus und kocht es mit einem Liter Gemüsebrühe 5 Minuten auf. Dann wird es weiterverarbeitet.

Das Dienstkochbuch von Emma Felgentraeger – Breslau 1918–1940

Die Frau mit der weißen Schürze ist Emma Felgentraeger um 1930 in Breslau. Hinten links Edelgard Weiß, geb. Felgentraeger (1910–1985), die Großmutter von Frau Dr. Schacht

Ein Lehrgang zur diätetischen Küche führte mich Anfang 2000 dienstlich an die Universitätsklinik Heidelberg, wo ich mit dem Dozenten Dr. Schacht bekannt wurde und das berührende Schicksal der Felgentraegers, Verwandte seiner Frau, kennen lernte.

Emma Jungmann wurde 1893 in Breslau geboren. Ihr Vater Gustaf verdiente sein Brot als Kutscher einer Breslauer Zigarettenfabrik und Mutter Eleonore war Wäscherin im Augusta-Hospital. Emma Jungmann heiratete 1916 Paul Felgentraeger (1890–1929), der als Angestellter beim jüdischen Friedhof arbeitete. 1918 brachte Emma Felgentraeger ihre erste Tochter Judith zur Welt. Im Abstand von jeweils zwei Jahren folgten Josef, Elfriede und Reinhild. Die Familie wohnte in der Breslauer Albrechtstraße in einem Hinterhaus. Emma Felgentraeger trug zum Lebensunterhalt bei, indem sie für das wohlhabende ältere Ehepaar Blumenberg von 1917 bis 1939 als Privatköchin arbeitete. Herr Blumenberg war Professor an der Universität Breslau und ein Verfechter der schlesischen Küche.

Um 1918 begann Emma Felgentraeger ihr Dienstkochbuch zu schreiben. Neben ihrer Tätigkeit bei den Blumenbergs arbeitete sie noch stundenweise als Pflegekraft auf dem Breslauer jüdischen Friedhof. Sie und auch ihre Kinder pflegten sehr engen Kontakt mit jüdischen Bekannten und hingen dem jüdischen Glauben an.

Nach dem frühen Tod ihres Mannes war Emma Felgentraeger auf die Unterstützung des Professors Blumenberg und die der Verwandtschaft ihres verstorbenen Mannes angewiesen. Besonders das kinderlose jüdische Ehepaar Blumenberg betreute liebevoll ihre vier Kinder. Blumenbergs kamen wie viele ihrer Leidensgefährten im Holocaust ums Leben.

Im März 1940 verlor sich auch die Lebensspur von Emma Felgentraeger und ihren Kindern. Nachforschungen bei Hausbewohnern ergaben, dass die Familie von Männern in langen Ledermänteln und einem kleinen LKW abgeholt wurde.

Ohne die Verwandtschaft zu informieren, bezog ein Blockwart der NSDAP und dessen Familie die Wohnung der Felgentraegers. Die Fotos und die wenigen Dokumente, auch das »Dienstkochbuch« fanden die Verwandten im Keller des Hauses auf einem Abfallhaufen. 1943 konnte der Großteil der Familie Felgentraeger durch berufliche Umstände nach Köln übersiedeln und der Koffer mit den Dokumenten der Verschollenen wurde mitgenommen. Dr. Edelgard Schacht (geborene Felgentraeger) entdeckte den Koffer 1958 zufällig bei Renovierungsarbeiten auf dem Boden des Hauses.

Die Großnichte von Paul Felgentraeger, die familien-historisch sehr interessiert ist, begann die Familiengeschichte aufzuarbeiten. Nachforschungen in Archiven, im Holocaust-Archiv, in Breslau und in anderen Nachforschungsstellen brachten jedoch keine neuen Hinweise.

Dr. Edelgard Schacht kannte ihre Großtante nur aus Erzählungen ihrer Großmutter, die als junge Frau um 1930 bei Emma Felgentraeger Kochunterricht genommen hatte. Besonders die Eintopfrezepte, die Rote Grütze aus roten Rüben (Beeten) und ihr unvergleichlicher Roggenmehlpudding sind in der Familie noch immer beliebt.

Breslau 1930, Schloßportal

DIE MAGERE GRAUPENSUPPE
Breslau um 1936

200 g Graupen
1 Bund Suppengrün (1 Möhre, ¼ Sellerie,
1 Zwiebel, 1 Stange Porree, ½ Kohlrabi)
1,5 l Knochenbrühe aus Schweineknochen
50 g Fett (in guten Zeiten Butter)
Salz • 1 Sträußchen Petersilie

Das Breslauer Rathaus am Ring,
nicht weit von der Wohnung der Familie Felgentraeger

☛ Graupen gründlich waschen und im kalten Wasser ansetzen, dann bissfest garen. Stehen lassen. Das Suppengrün gründlich waschen und putzen, dann in 1–2 cm große Stücke schneiden. Das Gemüse in kaltem Wasser ansetzen, so dass es vom Wasser gerade bedeckt ist, zum Kochen bringen, dann die Energiezufuhr abstellen, den Topf fest verschlossen halten, während alles ca. 30 Minuten zieht. Dann die Butter und die Brühe zugeben, nochmals aufkochen und weitere 15 Minuten alles ziehen lassen. Zum Schluss die gegarten Graupen unter kaltem Wasser abspülen und unter die anderen Zutaten geben, alles schön verrühren und mit Salz und gehackter Petersilie vollenden.

SÜSSE MÖHRENSUPPE NACH BRESLAUER ART

1 kg frische Möhren • 1 l Wasser • 1 Prise Salz
40 g Sago (gekörnte Stärke) • 3 EL Zucker • 1 Zitrone

☛ Die Möhren schälen, abwaschen und raspeln. Salzwasser zum Kochen bringen. Die Möhrenraspeln darin fast zerkochen lassen (ca. 10 Minuten Kochzeit). Das Sago hinzugeben und alles weitere 10 Minuten kochen. Jetzt erst Zucker und ein paar Spritzer Zitronensaft hinzugeben.

DIE ROHE KARTOFFELSUPPE – »SCHNELLE ZUDELSUPPE«, BRESLAU UM 1936

500 g Kartoffeln • 1½ l Gemüsebrühe (Instant)
50 g Butter • 1 Zwiebel • 1 EL Petersilie, feingehackt • Salz

☛ Die geschälten und abgewaschenen Kartoffeln werden gerieben. Die Gemüsebrühe in einem Topf zum Kochen bringen. Die Kartoffelmasse hineinrühren, noch einmal kräftig aufkochen lassen. Mit Salz abschmecken. Die Zwiebel schälen, in kleine Würfel schneiden und in der Butter anbräunen. Zusammen mit der gehackten Petersilie vor dem Anrichten über die Suppe geben.

TIP: Sie können die Gemüsebrühe auch aus frischen Zutaten herstellen. Dafür 1 Möhre, 1 Kohlrabi, 1 Stange Porree und 1 Stück Sellerie putzen, weich kochen und durch ein Sieb passieren.

Breslauer Bahnhof um 1930

EMMAS ROTE GRÜTZE AUS ROTEN RÜBEN

500 g rote Rüben • 1 l Wasser
abgeriebene Schale und Saft von 1 Zitrone
100 g Sago • 100 g Zucker

☛ Die roten Rüben säubern, schälen, reiben, mit Wasser und der abgeriebenen Zitronenschale zusammen in einen Topf geben und 15 Minuten köcheln lassen. Durch ein Haarsieb gießen, mit Zucker abschmecken und das Sago dazugeben. Alles eine gute Stunde stehen lassen, damit das Sago gut quellen kann. Dann den Zitronensaft dazugeben und alles noch einmal abschmecken. Die Grütze jetzt in eine kalt ausgespülte Porzellanschüssel geben und kalt stellen. Am anderen Tag ist diese fruchtige Geleespeise portionsfähig, allerdings nicht schnittfest. Wenn man diese Grütze stürzen möchte, muss man den Anteil an Sago erhöhen.

Zum Übergießen dieses Desserts bereitet man eine Vanillesoße aus Milch, Zucker und Vanillesoßenpulver zu.

ROGGENMEHLPUDDING
Breslau um 1935

1 Ei, trennen • 125 g Zucker
Salz nach Belieben (empfohlen 1 Prise)
Saft einer Zitrone
350 g Roggenmehl (aus dem Reformhaus)
1 Päckchen Backpulver
125 g Quark • ¼ l Milch • 1 TL Grieß
Butter zum Ausfetten der Form

☛ Eigelb, Zucker und Gewürze schaumig rühren. Dann das Roggenmehl mit Backpulver vermischt dazugeben. Den Quark durch ein Küchensieb streichen und mit der Milch verrühren. Den Quark mit dem Mehl und allen anderen Zutaten zu einem geschmeidigen Teig rühren. Zuletzt das fest geschlagene Eiklar darunter heben, aber vorsichtig, damit der Teig nicht zusammenfällt. Die Form (Gugelhupfform) ausfetten und mit dem Grieß bestreuen. Den Teig in die Guglhupfform geben und 2 Stunden in einen mit Wasser gefüllten Bräter bei einer Temperatur um 180 Grad in die Röhre stellen. Zum Roggenmehlpudding gibt es Vanillesoße.

Die Kochbücher der Familie Jauer – Breslau 1878–1934

Großmutter Meta Jauer, geborene König (1843–1934)

Die eigentliche Heimat der seit 1956 in Erfurt ansässigen ehemaligen Berufsschullehrerin Erna Jauer ist das schlesische Breslau. Ihre Vorfahren stammen aus Jauer, wo ihr Ur-Ur-Großvater ein angesehener Bauernmöbelmaler gewesen ist. Er setzte die berufliche Tradition seiner Vorfahren fort, die u. a. die Inneneinrichtung der Jauer Friedenskirche in altschlesischer Weise bemalt hatten.

Erna Jauers Großvater, Erich Jauer (1835–1927), besaß eine kleine Kneipe, wo Großmutter Meta (1843–1934) ihre echt schlesische Küche für die Gäste kochte.

Meta Jauer begann mit dem Schreiben der Familienkochbücher. Sie ahnte nicht, dass sie damit eine Familientradition schuf: Von Tochter zu Tochter wurden die Bücher weitergegeben. Bis heute hält sich diese Tradition.

Breslau um 1934: Blick auf die Jahrhunderthalle.
Hier ging die Familie am Sonntag sehr gerne spazieren.

Die Mutter von Erna Jauer, Edelgard Jauer (1877–1912), schrieb an den Büchern nicht mit. Sie konnte nicht kochen, weil sie seit der Geburt an einer starken Sehschwäche litt. Sie starb bei der Geburt von Erna Jauer 1912 in einem Breslauer Krankenhaus. Ihren Vater hat Erna Jauer nicht kennengelernt. Sie wuchs bei ihrer Großmutter auf und lernte das Kochen. Bis 1927 lebte und arbeitete Erna in der Familie der Großeltern mit. Die kleine Gaststätte »Zum Stern« warf einen bescheidenen Lebensunterhalt für die drei Jauers ab. Nach dem Tod des Großvaters 1930 zog die Großmutter mit ihrer 18jährigen Enkeltochter in die Großstadt Breslau und arbeitete als Küchenhilfe in einem Krankenhaus, nicht weit von der beliebten Jahrhunderthalle. Die Enkelin lernte Stenotypistin und war bis 1943 in Breslau tätig.

1935 fuhr die junge Frau zur Kur, wo sie den Pfleger Herbert Stamm kennen lernte. Im Dezember 1936 kam die gemeinsame Tochter Elfriede auf die Welt. Dann musste Herbert Stamm in den Krieg ziehen. Auf Wunsch ihres Bräutigams übersiedelte Erna Jauer mit der Tochter im Sommer 1943 zu Verwandten von Herbert in die Nähe von Berlin, weil dieser seine Lieben in der Obhut seiner Familie haben wollte. Das Leben zu dritt blieb ein Traum – Herbert Stamm fiel 1945 bei Berlin.

Mittlerweile zwölf Familienkochbücher befinden sich nun im Besitz von Ernas Tochter Elfriede. Eins davon schickte mir Erna Jauer für dieses Buch. Es enthält vor allem deftige schlesische Gerichte.

HASENBRATEN

1 Hasenrücken, gespickt mit Speck • Salz
125 g Schweineschmalz • ¼ l saure Sahne • 4 EL Semmelmehl
1 Zwiebel • 2 Möhren • 3 Pfefferkörner • 1 Lorbeerblatt
4 Wacholderbeeren • 1 Nelke • ½ Teelöffel Majoran
¼ l Fleischbrühe • 20 g Speisestärke • ⅛ l Rotwein, herb

☛ Hasenrücken mit Salz einreiben und in zerlassenem Fett anbraten, dabei schön mit dem Fett beträufeln. Sahne mit Semmelmehl verrühren und auf den Braten streichen. Zwiebel und Möhren, beides grob gehackt, zum Braten geben. Alle Gewürze um den Braten legen und diesen bei 45 Minuten in der Ofenröhre bei Mittelhitze braten lassen. Hasenrücken herausnehmen und warm stellen.

Bratenansatz mit der Brühe loskochen und durch ein Sieb geben. Die Stärke im Rotwein verquirlen und unter Aufkochen unter die Soße gießen.

Dazu gab es bei Familie Jauer die in Schlesien so beliebten Stampfkartoffeln. Es schmecken aber auch allerlei Arten von Klößen dazu.

STAMPFKARTOFFELN (KARTOFFELBREI)

1 kg Kartoffeln • ¼ l Milch • 1 Zwiebel
100 g Räucherspeck • Salz und Pfeffer
1 Prise Muskat

☛ Kartoffeln in der Schale kochen und sofort pellen. Grob zerstampfen und mit der kochendheißen Milch vermengen. Speck und Zwiebel feinwürflig schneiden und anbraten und unter die Kartoffelmasse geben. Mit Salz, Pfeffer und Muskat würzen.

Die Breslauer Jahrhunderthalle

ERNAS ALLERLEI-TOPF
liebevoll im Erbtopf gekocht

Der Erbtopf ist über 130 Jahre alt. In diesem Topf wurde immer der beliebte »Allerlei-Topf« gekocht. Auch der Topf wird wie das Kochbuch wahrscheinlich von Erna Jauer an ihre Tochter Elfriede weitergegeben. Dann soll er der Enkeltochter Britta gehören, auch wenn sie noch immer »kein Freund vom Kochen« ist und mit ihrem Verlobten lieber zum Italiener um die Ecke essen geht.

500 g Schweinefleisch • 100 g magerer Räucherspeck
1 kg Kartoffeln • 750 g Sauerkraut
200 g Knackwurst, mit viel Knoblauchgeschmack
2 süßsaure Äpfel • Salz und Pfeffer

☛ Schweinefleisch in kleine Würfel schneiden. Speck würfeln und im Topf anbraten, das Fleisch dazugeben und zugedeckt anbraten lassen. Die Kartoffeln schälen und in Scheiben schneiden, dann in kaltes Wasser legen.

Immer schön das Fleisch umrühren und dann das Sauerkraut dazugeben. Die in Scheiben geschnittene Wurst dazu und die Kartoffelscheiben darüber legen. Dann die Äpfel schälen und vom Kerngehäuse befreien, in Scheiben schneiden und dazugeben.

Mit Salz und Pfeffer würzen und alles eine gute Stunde bei geschlossenem Deckel in der Backröhre garen lassen.

SCHWEINEFLEISCH MIT BIRNEN

500 g Schweinefleisch • 1 Zwiebel
1 Lorbeerblatt • 2 Nelken • Salz • 3 Pfefferkörner
1 kg Birnen • 1 EL Weizenmehl
Zucker und Zitronensaft nach Geschmack

☛ Schweinefleisch waschen, mit Wasser bedeckt ansetzen, zum Kochen bringen und ab und zu abschäumen.

Die halbierte Zwiebel, Lorbeerblatt, Nelken, Salz und Pfefferkörner dazugeben, das Fleisch weich kochen und herausnehmen. Brühe durch ein Sieb geben. Birnen schälen, halbieren, das Kerngehäuse herausschneiden, die Birnenhälften in der Fleischbrühe zum Kochen bringen. Die Brühe mit dem in kaltem Wasser angerührten Weizenmehl binden und noch einmal aufkochen. (Das ist wichtig, damit sich der Mehlgeschmack nicht mehr so bemerkbar macht.)

Mit Salz, Zucker und Zitronensaft abschmecken und noch einmal durchkochen. Die Birnenhälften und das in Scheiben geschnittene Schweinefleisch mit dieser köstlichen Soße bedeckt zusammen mit Kartoffelklößen servieren.

Einige handschriftliche Kochbücher weisen auch auf Gerichte dieser Art hin, die mit Hammel oder Lammfleisch gekocht werden. Auch verwenden findige Schlesier statt Zucker Honig, was natürlich viel gesünder ist.

DIE LINSENSUPPE DER EDELGARD JAUER

Wie bereits geschrieben war Edelgard Jauer stark sehbehindert, schätzte aber die Küche ihrer Mutter. Um 1900 aß Edelgard Jauer in einer Gaststätte in der Breslauer Wilhelmstraße nahe der Königsbrücke eine sehr wohlschmeckende Linsensuppe. Die Mutter musste diese Suppe solange nach dem Geschmack der Tochter nachkochen, bis sie zufrieden war. Sie hatte einen Freund, Eduard Herder, der Bauingineur war und sich später einen Namen beim Bau der Breslauer Jahrhunderthalle machte. Er animierte den Kantinenkoch der Baugesellschaft solange, bis dieser die schlesische Linsensuppe perfekt kochen konnte. Er war auch nach dem frühen Tod der Edelgard Jauer noch lange Gast der Familie Jauer. Fast 78jährig starb er 1944 bei Kampfhandlungen.

400 g Linsen • 1 Bund Suppengrün
100 g Speck, fett • 2 mittlere Zwiebeln • 50 g Mehl
Essig • Zucker • Salz • 500 g Rotwurst

☛ Linsen auslesen und einen Tag vorher einweichen. Suppengrün (Möhre, Sellerie, Porree) putzen und in haselnussgroße Stücke schneiden und zusammen mit den Linsen im Einweichwasser weichkochen.

Speck und Zwiebeln richtig ausbraten und mit dem Mehl bestäuben, richtig durchschwitzen und diese Einbrenne an die Suppe geben. Mit Essig, Salz und Zucker abschmecken. Wurst in Würfelchen schneiden und in der Suppe heiß werden lassen.

Schlesier vermissen vielleicht die Kartoffelstückchen. Doch in keinem der 32 mir vorliegenden, handgeschriebenen schlesischen Familienkochbücher steht diese Linsensuppe mit Kartoffelstückchen.

Das Degenkolb-Familienkochbuch – Trebnitz 1900–1967

Breslauer Hotelküche Monopol um 1920.
Ella Degenkolb steht hinter dem Koch am Hackklotz.

Das dicke Kochbuch, von dem hier die Rede ist, bewahrt die Geschichte einer ganzen Familie, vor allem aber die der Frauen. Begonnen hat das Buch Alwine Degenkolb, geborene Flechsig (1876–1931). Sie wuchs auf dem Bauernhof ihrer Eltern auf, nicht weit von Trebnitz, einer kleinen Stadt nördlich von Breslau, heute polnisch Trzebnica.

Alwine Flechsig verstand sich sehr gut auf die Kunst der kalten Küche, aber auch auf die typischen deftigen schlesischen Spezialitäten, weshalb sie als Köchin in den Gaststätten und Hotels in Breslau und Umgebung sehr gefragt war. So arbeitete sie als Erste Kaltmamsell im Hotel »Krone« und um 1900 im Hotel »Zum Hirsch« in Breslau.

1905 heiratete Alwine Flechsig den Bahnangestellten August Degenkolb (1869–1942). Als die Ehe kinderlos blieb, adoptierten sie die kleine Ella, ein elternloses Mädchen aus dem Waisenhaus. Ella Degenkolb (1900–1952), die wie

Hofszene in Trebnitz um 1930
bei Verwandten von Alwine Degenkolb

ihre Adoptivmutter Köchin wurde und in verschiedenen Gaststätten in Breslau arbeitete, führte das Familienkochbuch weiter. Auch ihre 1920 in Breslau geborene Tochter Meta setzte die Familientradition fort und absolvierte im Hotel »Vier Jahreszeiten« in Breslau eine Lehre als Köchin. Viel Berufserfahrung konnte sie in Schlesien nicht mehr sammeln, denn 1946 verschlugen die Kriegswirren sie und ihre Mutter ins vogtländische Oelsnitz. Ella Degenkolb erholte sich nicht wieder von den Strapazen der Flucht, sie siechte noch einige Jahre dahin, aufopferungsvoll gepflegt von ihrer Tochter Meta.

Als Meta nach den schweren Zeiten des Krieges und der Flucht zur Ruhe gekommen war, fand sie auch die Muße das Familienkochbuch weiterzuführen. Ihr ging es vor allem darum, die Gerichte, die Großmutter und Mutter so oft gekocht hatten, zu erhalten. Meta Degenkolb probierte und kochte nach der Erinnerung, veränderte Zutaten, bis sie den typischen Geschmack der Küche ihrer Kindheit wiedergefunden hatte. Sie hielt die Rezepte in dem dicken Kochbuch fest und bewahrte sich damit ein Stück der eigenen Vergangenheit, denn die Erinnerung an ihre Heimat ist noch heute allgegenwärtig.

TREBNITZER TÄUBCHENBRÜHE
von Alwine Degenkolb

Dieses Gericht war eines der bekanntesten von Alwine Degenkolb. Sie kochte es vor allem, wenn jemand in der Familie krank war.

1 Taube, frisch geschlachtet und gut gewaschen
Salz • 2 Möhren • 1 Selleriekopf • 2 Zwiebeln
1 Stange Lauch • 2 Lorbeerblätter • 5 Pimentkörner
5 schwarze Pfefferkörner • 2 Eier • 1 EL Semmelmehl

☛ Die Taube in 2 Liter leicht gesalzenem, kaltem Wasser ansetzen und langsam zum Kochen bringen. Dann die geschälten Möhren, den geschälten und geviertelten Sellerie und den in Ringe geschnittenen Lauch dazugeben. Die Zwiebeln schälen und in einer Pfanne ohne Fett anrösten, sie sollten sehr dunkel sein. An die Brühe geben und alles mit den Gewürzen noch eine gute Stunde köcheln lassen.

Die Taube an den Keulen eindrücken. Wenn das Fleisch gar ist, das Täubchen herausnehmen und entbeinen. Die Brühe durch ein Haarsieb geben und aufheben.

Das Fleisch in feine Würfel schneiden. Die Möhren, den Lauch und den Sellerie ebenfalls fein würfeln. Die Eier aufschlagen und verquirlen, mit dem Semmelmehl verrühren. Die Fleisch- und die Gemüsewürfel in die Brühe geben und alles zum Kochen bringen. Das Semmelmehl-Eier-Gemisch am Faden in die leicht köchelnde Suppe geben. Eventuell noch mal nachsalzen und mit gehackter Petersilie bestreut servieren.

KÜMMELKOTELETT MIT OFENKARTOFFELN
von Alwine Degenkolb

Dieses leckere Gericht kam mir beim Durchlesen des Degenkolb-Kochbuches bekannt vor und ich erinnerte mich an die 1982 verstorbene Köchin »Mutter Friedel«, die ich als junger Koch 1976 kennengelernt hatte. Ich arbeitete damals in einem Ferienheim bei Oberhof im Thüringer Wald. Dort bot man dieses Gericht als Thüringer Spezialität an. Gekocht wurde es jedoch von einer echten Schlesierin – der alten Ferienheimköchin »Mutter Friedel«, die ursprünglich aus Breslau stammte.

Kümmelsoße:
2 EL Kümmel • ¾ l Fleischbrühe
40 g gute Butter • 1 Zwiebel • 40 g Weizenmehl • Salz

☛ Den Kümmel in der Brühe langsam köcheln lassen, mindestens 1 Stunde. Die Zwiebel pellen, abwaschen und feinwürflig schneiden. Die Butter schmelzen lassen, die Zwiebelwürfel glasig anschwitzen und das Mehl darüber stäuben. Die Butter und das Mehl müssen sich gut verbinden. Die Kümmelbrühe durchsieben und damit die Mehlschwitze auffüllen. Noch einmal aufkochen lassen und dann mit Salz abschmecken.

Kümmelkoteletts:
4 Koteletts vom Schwein • Salz und Pfeffer nach Geschmack
Weizenmehl zum Mehlieren der Koteletts
50 g Schweineschmalz • 1 Zwiebel, kleinwürflig geschnitten
100 ml dunkles Bier • Kümmelsoße (siehe obiges Rezept)

☛ Die Koteletts mit Salz und Pfeffer würzen und mehlieren. Im heißen Schmalz goldbraun braten, aus der Pfanne nehmen und warm stellen. Im Schmalz die Zwiebelwürfel andünsten und mit dem Bier aufgießen. Das Bier vollständig einkochen lassen und mit der Kümmelsoße auffüllen. Die Koteletts zurück in die Soße geben und noch einmal 15 Minuten bei ganz kleiner Flamme durchziehen lassen. Mit der Soße und den Ofenkartoffeln servieren.

In Schlesien hieß das dunkle Bier »Schöps«. Es war sehr gehaltvoll und kräftig. Meta Degenkolb musste sich im Vogtländischen erst daran gewöhnen, dass »Schöps« hierzulande Schaffleisch ist.

Schlesische Ofenkartoffeln

☛ Pro Person 250 g kleine Frühjahrskartoffeln waschen, dann mit der Schale bissfest kochen. Herausnehmen und auf einem gefetteten Backblech bei 200 Grad 15 Minuten backen. Diese Kartoffeln werden mit der Schale verzehrt.

SCHLESISCHE MOHNBUCHTELN
von Ella Degenkolb

Teig:

400 g Weizenmehl • 1 Würfel frische Hefe oder 1 Päckchen Trockenhefe
2 EL Honig • 150 ml Milch • 50 g Margarine • 1 Ei • 1 Prise Salz

Füllung:

1/8 l Milch • 125 g gemahlener Mohn
4 EL Honig • 1 Ei • 1 TL Speisestärke

☛ Weizenmehl in eine große Schüssel geben, in die Mitte eine Mulde drücken. Hefe mit Honig und lauwarmer Milch verrühren, in die Mulde geben und ½ Stunde zugedeckt an einem warmen Ort gehen lassen. Margarine zerlassen, Ei und Salz dazugeben und alles gut mit dem Vorteig verkneten. Nochmals ½ Stunde gehen lassen.

Für die Füllung die Milch aufkochen, Mohn und Stärke einstreuen, Herd abschalten und ¼ Stunde gehen lassen. Honig dazugeben und gut verrühren, abkühlen lassen und das Ei dazugeben. Den Teig ausrollen und in 12 Quadrate aufteilen, ausschneiden, die Mohnmasse darauf verteilen und die Quadrate zu Kugeln formen. Eine Auflaufform fetten und die Kugeln dicht hintereinander setzen. Mit verquirltem Ei bestreichen und bei 200 Grad 40 Minuten backen.

MÖHRENLEBKUCHEN NACH BRESLAUER ART
von Ella Degenkolb

Teig:

250 g Rübensirup • 100 g Zucker • 5 g Zimt
1 Prise gemahlene Nelken • 20 g Kakao
2 Spritzer Zitronenaroma • 250 g Möhren, fein gerieben
500 g Weizenmehl • 1 Päckchen Backpulver (mit Mehl vermischen)
100 g Zitronat • 30 g Orangeat • 100 g Feigen
50 g gehackte Mandeln • 100 g Korinthen

Belag:

einige abgezogene, halbierte Mandeln

Guß:

100 g Puderzucker • 2 EL Zitronensaft
2 EL heißes Wasser

☛ Sirup und Zucker miteinander zum Kochen bringen. Vom Feuer nehmen und gemahlene Nelken, Kakao und Zitronenaroma dazugeben. Die geriebenen Möhren zufügen und das mit Backpulver vermischte Mehl. Zum Schluss alle anderen Zutaten hinzugeben.

Den Teig 1½ cm stark auf ein gefettetes Blech streichen. Mit einem spitzen Messer den Teig vor dem Backen in Rechtecke teilen. Die Rechtecke mit den Mandeln belegen, dann die Möhrenlebkuchen 30 Minuten bei Mittelhitze backen.

Alle Zutaten für den Guß miteinander verrühren. Den noch warmen Kuchen mit dem Zitronenguss bestreichen.

SCHLESISCHE SESAMBRÖTCHEN

500 g Weizenmehl, günstiger ist Vollkornmehl
1 Würfel frische Hefe oder 1 Päckchen Trockenhefe
300 ml lauwarmes Wasser • 1 EL Honig • 1 TL Salz • 2 Eier
2 EL Pflanzenöl, am günstigsten ist Olivenöl • 100 g Sesamkörner,
leicht angeröstet • Milch zum Bestreichen der Brötchen

☛ Mehl und Hefe in eine Schüssel geben und mit Wasser und Honig verrühren. 30 Minuten gehen lassen. Die restlichen Zutaten und die eine Hälfte des Sesams gut miteinander verkneten. Zu einer Kugel formen und 45 Minuten an einem warmen Ort gehen lassen. Acht gleich große Brötchen formen und auf ein mit Backpapier ausgelegtes Backblech geben. Mit der lauwarmen Milch bestreichen und mit den übrigen Sesamkörnern bestreuen. Nochmals 30 Minuten gehen lassen und im vorgeheizten Backofen bei 200 Grad etwa 15 Minuten backen.

SCHLESISCHE ZIMTSTERNE

4 Eiweiß • 250 g Puderzucker • 1 Päckchen Vanillezucker
2 Msp. Zimt • 300 g gehackte Mandeln

☛ Den sehr steif geschlagenen Eischnee mit Puderzucker und Vanillezucker verrühren. 4 Esslöffel davon zum Bestreichen abnehmen. Unter die übrige Masse den Zimt und die gehackten Mandeln rühren. Dann den Teig ½ cm stark ausrollen, Sterne ausstechen und diese mit dem vorher abgenommenen Eiweiß-Zucker-Gemisch bestreichen. Dann die Sternchen auf ein gefettetes Blech legen und bei 50 Grad etwa 30 Minuten im Backofen trocknen.

Meta Degenkolb erinnerte sich, dass ein Händler nahe der Jahrhunderthalle in der Weihnachtszeit diese Zimtsternchen anbot. Sie fuhr in ihrer Kinder- und Jugendzeit deshalb immer zur Jahrhunderthalle oder ins Hauptgeschäft des Händlers am Scheitniger Stern, nahe der Kaiserstraße. Die Mutter liebte dieses Gebäck sehr und um der vom Heimweh Geplagten eine Freude zu machen, buk Meta Degenkolb es sogar einmal im Sommer 1951.

Die Küchenrezepte der Anna Dokter aus Zedlitz

Anna Dokter, geb. 1863, gestorben vermutlich 1948 im Kloster Trebnitz

Anna Dokter war bis zu ihrer Heirat, etwa 1885, Schlossköchin in Zedlitz. Nach dem Tod ihres Mannes nahmen die Bauern im Dorf gern die Hilfe von »Muttel Doktern«, wie sie allgemein liebevoll genannt wurde, in Anspruch. Sie kochte bei Familienfeiern, Hochzeiten, Kindtaufen, Beerdigungen. Auch der hiesige Gastwirt war dankbar für ihre Hilfe bei Erntedankfeiern, dem jährlichen Jagdessen oder anderen größeren Festlichkeiten.

Dass ihr Wissen um die Kochkunst bewahrt blieb, ist Anna Dokters Enkelin zu verdanken – Erika Otte, geboren 1920 in Zedlitz, Kreis Trebnitz. Da die Mutter bei der Geburt starb, wuchs das Mädchen zunächst bei der Großmutter in Zedlitz, später beim Vater in Breslau auf. Nach dem Verlust der Heimat kam Erika Otte über Altenburg in Thüringen 1947 in die ostthüringische Kleinstadt Ronneburg, die noch heute ihr Wohnsitz ist.

Die entscheidenden Kindheitserinnerungen brachten die Jahre bei der Großmutter. Anna Dokter prägte vermutlich nicht nur den Charakter ihrer Enkelin, sondern half ihr auch über die kindliche Neugier hinaus allmählich echtes Interesse für die schlesische Küche zu entwickeln. Wieviel Wohlwollen und Anerkennung die Kochkunst der Großmutter doch erntete! Das spornte an, das Kind wollte es ihr später gleichtun, was Erika Otte, wie sie bescheiden gesteht, nie schaffte.

Nach der Umsiedlung aller Familienangehörigen und dem Tod der Großmutter in der fernen Heimat begann die Enkelin regionale Rezepte bei ihren mütterlichen und väterlichen Verwandten zu sammeln, die ursprünglich »eiber derr Auder« (rechts der Oder) wohnten bzw. aus dem schlesischen Gebirge, speziell der Grafschaft Glatz, stammten. So mischen sich typische Koch- und Backrezepte der mütterlichen Familie mit denen der väterlichen Verwandtschaft, insbesondere der Schwester des Vaters, und vereinen Essgewohnheiten der Gebirgs- und der Flachlandseite vor allem Niederschlesiens.

Die folgenden fünf Rezepte hat mir Erika Otte im Oktober 2001 für »Familienrezepte aus Schlesien« zusammengestellt. Sie setzen sich aus Erinnerungen und Notizen der jeweiligen Verwandten zusammen. Doch die »Seele« dieser schlesischen Spezialitäten bleibt natürlich »Großmutterle«. Alle Rezepte stammen aus der Breslauer Zeit von 1930–1940.

BRESLAUER MANDELFORELLE

4 Forellen (küchenfertig)
auch Frostware geeignet, im Kühlschrank auftauen lassen
Salz und Pfeffer nach Geschmack • Saft von 1 Zitrone
Weizenmehl zum Bestäuben der Forellen
2 Eier • 3 EL Semmelmehl • 4 EL gemahlene Mandeln
2 EL gehackte Mandeln • 1 Sträußchen Petersilie
Öl zum Braten der Forellen
Butter zum Angießen der Forellen in der Röhre

☛ Forellen waschen und salzen sowie pfeffern. Zitronensaft in die Forellen träufeln und die gehackte Petersilie dazugeben. Die Forellen für eine halbe Stunde in den Kühlschrank stellen. Die Forellen in Mehl wenden und durch das geschlagene Ei ziehen. Das Semmelmehl, die gemahlenen und gehackten Mandeln miteinander vermischen und die Forellen darin wälzen. Die Forellen wieder für eine viertel Stunde in den Kühlschrank stellen. Dann die Forellen in Öl goldbraun braten und noch einmal eine viertel Stunde bei schwacher Hitze in die Röhre stellen und mit der Butter übergießen.

MOHNKUCHEN NACH GROSSMUTTERLES ART

Quark-Ölteig:
150 g Quark • 6 EL Milch • 6 EL Öl • 75 g Zucker
300 g Mehl • 1 Päckchen Backpulver • 1 Prise Salz

Belag:
250 g Mohn • 125 g Zucker • 1 Päckchen Vanillezucker
4 Tropfen Zitronen-Aroma • 1 gestrichener TL Zimt
1/8 l heiße Milch • 50 g Butter
50 g Rosinen (vorher einweichen)
1 Prise Salz

Streusel:
200 g Weizenmehl • 100 g Zucker
1 Päckchen Vanillezucker • 1 Msp. Zimt • 100 g Butter

☛ Teig herstellen. Dafür den ausgepressten Quark mit Milch, Öl, Zucker, Salz und dem gesiebten Mehl, unter das man das Backpulver gemischt hat, mit der Hand kräftig vermischen. Den Teig in eine Schüssel geben und ruhen lassen.

Für den Belag Mohn mit der Milch überbrühen und alle Zutaten vermischen. Es muss eine streichfähige Masse entstehen.

Der Dom zu Breslau um 1935

Für die Streusel alle angegebenen Zutaten miteinander vermischen.

Teig ausrollen und auf ein gefettetes Backblech legen und mit einem 2 cm hohen Rand stehen lassen. Belag und Streusel aufbringen. Den Kuchen bei 180 Grad eine gute halbe Stunde bei Ober- und Unterhitze backen.

SCHLESISCHE QUARKKEULCHEN
Breslau um 1930

100 g Quark • 1 gehäufter EL Weizenin (Stärke)
2 gehäufte EL Zucker • 1 Päckchen Vanillezucker • 1 Ei
2 Tropfen Bittermandelöl • 50 Mandeln, abgezogen
25 g Rosinen, in Wasser eingeweicht und abgetrocknet

☛ Quark, Weizenin, Zucker, Vanillezucker, das Ei, das Bittermandelöl, die Mandeln und die Rosinen zu einem festen Teig verkneten. Flache Keulchen formen. Es gibt zwei Möglichkeiten die leckeren Quarkkeulchen zu backen: entweder im heißen Öl in der Fritteuse und dann herausnehmen, wenn die Quarkkeulchen braun sind – oder eine gute viertel Stunde auf einem gefetteten Backblech bei 200 Grad Ober- und Unterhitze. Noch warm werden die Quarkkeulchen mit einem Gemisch aus Zucker und Zimt bestreut.

SCHLESISCHER KÄSEKUCHEN

Hefeteig:
50 g Hefe • ¼ l Milch • 750 g Weizenmehl
175 g Butter, leicht zerschmolzen
2 Eier • 1 Päckchen Vanillezucker
Salz nach Belieben

Käsemasse:
125 g Rosinen • 175 g Butter • 250 g Zucker
1 Päckchen Vanillezucker • 6 Eier • 2,5 kg Quark

☛ Einen Hefeteig herstellen. Dafür das Mehl in eine Schüssel geben, eine Vertiefung hineindrücken, die in lauwarme Milch gerührte Hefe hineingeben. Alles vorsichtig vermengen und die Butter, die man auf dem Herdrand im Töpfchen hat zerschmelzen lassen, dazugeben. Jetzt die Eier, die Prise Salz und das Päckchen Vanillezucker dazugeben, alles vorsichtig vermengen und an einem warmen Ort zugedeckt eine halbe Stunde ruhen lassen.

Die Sandinsel in Breslau um 1935

Kuchenblech einfetten, mit Mehl bestäuben und Teig darauf vorsichtig ausbreiten. Mit einer Gabel einstechen. Mit einem sauberen Leintuch abdecken und an einen warmen Ort stellen.

Jetzt die Käsemasse herstellen. Die eingeweichten Rosinen waschen und abtrocknen. Die Butter schaumig rühren und den Zucker sowie den Vanillezucker einrieseln lassen und nach und nach die Eier dazugeben. Kräftig schlagen und den Quark unterheben. Am Ende die Rosinen dazugeben und dann die Käsemasse auf den Hefeteig aufstreichen. Bei Mittelhitze, etwa 180 Grad, eine gute halbe Stunde backen lassen.

BRESLAUER MANDELMAKRONEN

Diese Makronen waren besonders bei den Studenten der Breslauer Universität heiß begehrt und wurden gern gekauft. Die Bäckereien und Konditoreien verkauften sehr gut dieses auch heute noch aktuelle Gebäck.

6 Eiweiß • 2 Päckchen Vanillezucker
300 g Zucker • 100 g Weizenmehl • 300 g geriebene Mandeln
½ TL abgeriebene Zitronenschale • 1 Päckchen Backpulver
2 Prisen Zimt • 1 Prise Salz

☛ Das Eiweiß zu einem festen Eischnee schlagen. Darunter nach und nach den Vanillezucker und den Zucker ziehen.

Jetzt alle anderen Zutaten zusammen mischen. Alles zu einem Teig verarbeiten und in kleinen Häufchen auf ein gefettetes Backblech setzen. Bei leichter Hitze 20 Minuten backen. Empfohlen wird eine Temperatur von 50 Grad.

Durch Erika Otte, heute vielseitig interessierte 82jährige Lehrerin im Ruhestand, lernte ich Werke des bereits erwähnten schlesischen Heimatdichters Hermann Gebhardt kennen. Ich wurde neugierig und beschäftigte mich weiter mit dem ehemaligen Glogauer Lehrer und Schriftsteller.
Hermann Gebhardt (1889 in Liegnitz geboren und 1959 in Ronneburg an den Folgen einer Kriegsverletzung gestorben) war seit 1919 an der Comenius-Knabenvolksschule in Glogau tätig und wurde bald ein erfolgreicher Schriftsteller. Mit dem Bändchen »Tanzlegende. Ein Spiel« erreichte er 1924 einen ersten Achtungserfolg. Seine Geschichten aus dem Riesengebirge, 1942 erstmals in der Novellensammlung »Das Gebirge des seltsamen Herrn« veröffentlicht, sind immer noch lesenswert. Auch nach dem Krieg schrieb er weiter, so den Heimatroman »Wagnis des zweiten Lebens« von 1951, der ebenfalls in Schlesien angesiedelt ist. Bekannt wurde er auch als Sammler von Rübezahl-Geschichten.
Als Volkssturmmann musste er den Endkampf um Schlesien miterleben und wurde durch einen Kopfschuss auf dem rechten Auge blind. Im Sommer 1945 begann die lange Vertreibung aus der Heimat. In Ronneburg in Thüringen fand er seine letzte Heimstatt. Im Herzen aber blieb er immer ein Schlesier! Sein Gedicht »Rübezahl« finden Sie auf Seite 5.

Elisabeth Georg, geb. Märtner, und Arthur Georg, um 1930

Die Kreischauer Familienküche

Bereits seit etlichen Jahren bin ich mit Michael Georg bekannt. Als der erste Band zur schlesischen Familienküche erschien, sprach er mich an und erzählte mir, daß seine Vorfahren auch schlesischer Herkunft seien und er noch rege Beziehungen nach Schlesien pflege.

So besuchte ich Michael Georg in seinem Einfamilienhaus nahe Gera und erfuhr die Geschichte seiner Großeltern und Eltern. Oft besucht er die Heimat seiner Vorfahren, das Dorf Kreischau, und schwärmt vom Büffelgrasschnaps und den Menschen, die heute dort leben.

Historische Ansichtskarte aus Kreischau

Kreischau (heute polnisch Krzyzowo) war vormals ein kleines Bauerndorf mit 350 Einwohnern. Es liegt ganz in der Nähe der Stadt Steinau und gehört zum Regierungsbezirk Breslau. Den Ort Kreischau gibt es schon seit dem Mittelalter.

Auf den Feldern wurde Getreide nach dem Prinzip der Dreifelderwirtschaft angebaut. Das brachte höhere Erträge. Bereits 1150 errichteten Benediktinermönche unweit von Kreischau ein Kloster. Kreischau wurde im 30jährigen Krieg zerstört und von den Kaiserlichen Soldaten ausgeplündert. Anschließend befand es sich lange unter preußischer Herrschaft. Der letzte herrschaftliche Besitzer des Gutes Kreischau war der Graf von Schweinitz und Krain, Freiherr von Kauder.

1866 wüteten in Kreischau die Pest und Cholera. Viele Menschen starben. Hinzu kamen andere Katastrophen wie starke Regenfälle, Überschwemmungen der Oder, Dürreperioden und Heuschreckenschwärme, die Hungersnöte verursachten.

Im Jahr 1928 war der Winter extrem hart, es erfroren Menschen, Vieh und Obstbäume.

In und um Kreischau bauten viele Bauern wegen des günstigen Klimas Gemüse

Arthur Georg beim Pferdebeschlagen Kreischau 1930

Arthur Georg (3.v.l.) vor der Schmiede Kreischau

an, vor allem Gurken, Möhren und Zwiebeln. Die Dreifelderwirtschaft (Winterfeld, Sommerfeld und Brache) erlaubte den Anbau von Hafer, Gerste und Roggen. Zudem wurden von den Bauern Milchkühe und Schweine zur Selbstversorgung gehalten. Das hauseigene Schlachtfest war immer ein Höhepunkt. Was über den Eigenbedarf hinaus erzeugt wurde, war gut in den nahen Fabriken zu verkaufen. In Steinau arbeiteten viele Menschen in der Konservenfabrik, der Zuckerfabrik, in den zahlreichen kleinen Metallfabriken oder in der Molkerei.

Arthur Georg, der Großvater meines Gesprächspartners, arbeitete in Kreischau als Schmied und verwaltete darüber hinaus die kleine Poststelle des Dorfes. Nebenbei betrieb er noch eine kleine Landwirtschaft. Arthur Georg heiratete 1930 die Kreischauerin Elisabeth Märtner. Sie bekamen vier Kinder: Ursula (geb. 1931), Ruth (geb. 1935, die Mutter meines Gesprächspartners), Siegfried (geb. 1941) und Gerd (geb. 1944).

Im Jahr 1939 übernahm Arthur Georg die Schmiede seines Vaters. Seit den Kriegswirren 1945 gilt Arthur Georg als verschollen.

Die Familie von Elisabeth Georg, geb. Märtner, vor ihrem Haus

Familie Georg flüchtete am Kriegsende mit anderen Dorfbewohnern aus Kreischau ins Egerland und von dort ins Thüringische. Heute lebt die Familie in Gera und in Ostthüringen.

Aus Michael Georgs Erzählungen wird der Dorfalltag in Kreischau lebendig. Da gab es zum Beispiel eine Koch- und Backfrau, die bei allen beliebte Berta Bartsch, eine Witwe. Sie kochte und backte für die Bauern, für Hochzeiten und andere Gelegenheiten. Sie siedelte ebenfalls über das Egerland in die Umgebung von Gera über.

Zudem gab es den Lehrer Paul Stark, er war bei allen beliebt. Er leitete später einen Transport ins Egerland, kehrte aber wieder in seine Heimat zurück.

Das Rittergut, welches dem Grafen von Schweinitz und Krain gehörte, verwaltete zuletzt Erich Kabisch. Das Schloß und die Gutsgebäude wurden zerstört, die Reste später vom polnischen Staat verwertet und die Felder weiter bewirtschaftet.

Ruth und Ursula Georg, Kreischau 1938

Schlesische Hausküche nach Erzählungen von Michael Georg

Die Mutter war eine ausgezeichnete Köchin. An die Zubereitung bestimmter Gerichte erinnert sich Michael Georg noch sehr lebhaft. Der vorzügliche Geschmack ist ihm gegenwärtig geblieben.

SCHLESISCHE HÄCKERLE – BROTAUFSTRICH

☛ Fünf gewässerte Heringe enthäuten, Kopf und Gräten entfernen und klein schneiden. Durchwachsenen Speck und eine große Zwiebel fein würfeln, herzhaft anbraten und unter den Hering mischen.

Das Gemisch durch die feine Fleischwolfscheibe drehen und mit 2 EL feingehackten Küchenkräutern wie Petersilie, Dill und Schnittlauch vermengen.

Arthur Georg (rechts) auf Fronturlaub, Kreischau Sommer 1944

PFLAUMENMUS NACH KREISCHAUER ART

☛ Mehrere Körbe fast überreifer Pflaumen (ca. 20 bis 30 kg) waschen und entsteinen. Die Masse langsam in einem großen emaillierten Topf über mehrere Stunden kochen und mit einem Holzlöffel umrühren.

Da die Masse sehr langsam eindickt, muß sie über mehrere Stunden, oft von früh bis zum späten Nachmittag, langsam köcheln.

Das fertige Pflaumenmus in Tontöpfe füllen und kurz in die heiße Ofenröhre stellen. Im heißen Ofen verkrustet die oberste Schicht und sorgt für eine längere Haltbarkeit des leckeren Brotaufstriches.

KREISCHAUER KÜRBISSUPPE

☛ Einen Kürbis (ca. 2 bis 3 kg schwer, fast überreif) abwaschen, schälen, Kerngehäuse entfernen. Das Fruchtfleisch in kleine Stücke schneiden, in einen Topf geben und mit soviel Wasser auffüllen, daß alles bedeckt ist. Wenn der Kürbis gar gekocht ist, mit ½ l Milch aufgießen und solange köcheln, bis alles eindickt. Mit Salz und Zucker abschmecken.

Die Suppe sollte pikant schmecken und der zarte Kürbisgeschmack nicht durch Zucker verdeckt werden.

SAURE EIER IN BRAUNER SOSSE

4 Lorbeerblätter • 2 mittlere Zwiebeln
8 Pimentkörner • 4 Pfefferkörner • 2 EL Weinessig
2 Prisen Salz • Eiermenge nach Personenanzahl
(pro Person rechnet man je 2 Eier)
50 g Butter • 3 EL Weizenmehl

☛ In einem großen, flachen Topf 2 Liter Wasser mit den Gewürzen und Salz erhitzen. Nachdem alles aufgekocht ist, schlägt man in das siedende Wasser nach und nach alle Eier hinein. Das Eiklar stockt und umhüllt das Eigelb.

Langsam die Eier im siedenden, würzigen Wasser gar ziehen lassen.

Sind die Eier fertig, die Butter in einer Kasserolle braun werden lassen. Das Weizenmehl zufügen, Butter und Mehl miteinander vermischen. Die Mehlschwitze in das leicht siedende Wasser geben. Unter weiterem Köcheln bindet die Soße leicht.

Zu den sauren Eiern in brauner Soße gibt es Salzkartoffeln.

KREISCHAUER HEFEKLÖSSE

300 g Weizenmehl • Milch
1 Würfel frische Hefe (oder 1 Tütchen Instanthefe)
Pro Kloß rechnet man 20 g Weizenmehl und pro Person rechnet man drei bis vier Klöße.

☛ Das Mehl in eine Schüssel geben. In die mit der Hand eingedrückte Vertiefung kommt die in etwas warmer Milch angerührte Hefe. Alles zu einem geschmeidigen Teig verkneten. Der Teig sollte ungefähr eine halbe Stunde

gehen. Anschließend die Klöße mit bemehlten Händen formen und auf ein Brett legen. Mit einem Tuch die Klöße bedecken und das Kloßbrett für eine halbe Stunde an einen warmen Ort stellen.

Auf dem Herd einen großen Topf mit Wasser zum Kochen bringen. Über dem kochenden Wasser ein Tuch spannen. Auf dieses Tuch die Klöße legen und über dem Wasserdampf garen.

Die glänzende Oberfläche der Klöße zeigt an, daß sie verzehrfertig sind.

Zu den Hefeklößen gibt es leicht mit Kartoffelmehl angedickte Heidelbeeren, die heiß serviert werden, oder auch nur zerlassene, braune Butter.

KREISCHAUER MOHNKLÖSSE

☛ Man schneide 1 Weißbrot in 1 cm dicke Scheiben. Die Brotscheiben mit gequetschtem Mohn und Zucker in eine Glasschüssel schichten und mit kochender Milch überbrühen. Die Mohnklöße zwei Tage an einem kühlen Ort abgedeckt hinstellen und dann kalt verzehren.

Rosi Röthig und ihre acht Geschwister, 1937

Zwei schlesische Schicksale – Rosi und Gotthard Schmidt aus Kaiserswaldau und Altreichenau

Die beiden nachfolgenden Geschichten haben mir Rosi (geb. Röthig) und Gotthard Schmidt aus Dresden erzählt. Das Ehepaar kenne ich schon seit vielen Jahren und wir begegnen uns immer wieder auf Familienfesten.

Rosi und Gotthard Schmidt sind zwei echte, ja bekennende Schlesier, ihre Erzählungen und ihre persönlichen Erfahrungen sind sehr anschaulich und einprägsam. Aus ihren Geschichten entsteht ein lebendiges Bild Schlesiens um 1940. Gern erzählen beide aus ihrer Kindheit. Beim spontanen Erzählen fallen ihnen immer wieder neue Episoden ein.

Die Familie Röthig aus Kaiserswaldau

Meine Gesprächspartnerin Rosi Röthig wurde am 12. Juli 1934 in Kaiserswaldau (heute das polnische Okmiany) im Kreis Goldberg in Niederschlesien als neuntes Kind der Familie Röthig geboren. Die Eltern betrieben eine Fleischerei, einen Viehhandel und zudem noch eine kleine Landwirtschaft.

Zum Ende des Zweiten Weltkrieges lebten noch fünf Kinder in der Familie, vier der Geschwister hatten bereits eigene Familien begründet und lebten nicht mehr in Kaiserswaldau.

Rosi mit Geschwistern auf dem Hof der Fleischerei Röthig, Kaiserwaldau ca. 1938

Im Januar 1945 flüchtete die Familie zusammen mit anderen Dorfbewohnern in einem Kutschwagen und einem Fleischerplanwagen vor der herannahenden Kriegsfront.

In der Kohlfurter Heide bei Görlitz löste sich die Familie Röthig vom Treck und fuhr wieder ins Heimatdorf zurück. Durch diese Entscheidung hoffte die Familie, von den Auswirkungen des Krieges verschont zu bleiben. Da die Front allerdings wieder näher an Kaiserswaldau heranrückte, flüchtete die Familie Röthig erneut und erreichte Einsiedel bei Sebnitz in Sachsen. Hier ließ sich die Familie vorerst nieder. Sebnitz ist bis heute als Stadt der Kunstblumen bekannt, hier arbeiteten die älteren Geschwister in einem Betrieb namens »Deutsche Kunstblume«, um die Familie über Wasser zu halten.

Oskar und Frieda Röthig

Kurz nach dem Ende des Zweiten Weltkrieges kehrte die Familie im Frühsommer 1945 unter schwierigsten Umständen wieder nach Kaiserswaldau zurück. Der familieneigene Schlachtbetrieb wurde wieder aufgenommen. Allerdings stand die Versorgung der Roten Armee im Vordergrund. Die Familie Röthig konnte nur mit größter Umsicht einen Anteil für die eigene Ernährung beiseite schaf-

fen und auch benachbarte Familien mit etwas Fleisch versorgen. Im Spätsommer 1945 wurde der Hof der Familie Röthig einer polnischen Familie übereignet und sie selbst lebten auf engstem Raum im vormals eigenen Haus. Noch im Herbst 1945 starb Rosi Röthigs Vater, Oskar Röthig. Er wurde in Kaiserswaldau beerdigt.

Im Sommer 1946 flüchtete die Familie erneut, wobei ihnen der neu ernannte Hofbesitzer Stacho half und sie bis nach Kreibau (heute polnisch Krzywa) fuhr. Mit dem Handwagen liefen sie entlang der Autobahn nach Liegnitz (heute polnisch Legnica), denn hier lebte Inge, eines der Kinder, und nahm die Familie kurze Zeit auf. Da Inge in einem Krankenhaus arbeitete, hatte sie Gelegenheit, die Weiterfahrt der Familie nach Sachsen in einem Krankentransportzug zu organisieren. Nach einem Aufenthalt in einem Quarantänelager im Warmbad Wolkenstein wurde der Familie ein Zimmer im sächsischen Frankenberg zugewiesen. Auf engstem Raum lebten hier sieben Personen: die Mutter, drei Mädchen, zwei Jungen und das Enkelkind Uli, der einjährige Sohn der Schwester Helga.

Es herrschte überall große Not, die Lebensmittelzuteilungen reichten nicht aus, viele Menschen hungerten.

Inge, die weiterhin im Krankenhaus Liegnitz arbeitete, half der Familie, indem sie Lebensmittelpakete schickte und damit die größte Not milderte. Nach einer

Die Geschwister Röthig, 1934

Übergangszeit konnte Familie Röthig endlich eine geräumigere Wohnung in der Winklerstraße 37 in Frankenberg beziehen. Nach und nach erfuhren sie vom Schicksal der anderen Geschwister und Verwandten und konnten erneut Verbindung aufnehmen.

Die Erinnerungen an die Fluchtwege der Familie sind bis heute präsent, ebenso die Erinnerungen an Not und Verzweiflung, Vertreibung und Hunger. Gegenwärtig sind auch die Eindrücke, die das Ehepaar Schmidt vor einigen Jahren gewann, als es seine Heimatorte besuchte.

GELINGE MIT KARTOFFELBREI

Spezialessen bei Familie Röthig – aus der eigenen Fleischerei

500 g Kalbsherz oder auch Rinderherz (längere Garzeit beachten)
500 g Kalbslunge • 2 Zwiebeln • 50 g Butter • 30 g Weizenmehl
Salz, Pfeffer und Weinbrandessig (nach Geschmack)
1 EL feingehacktes Liebstöckelkraut (getrocknet)
1 Sträußchen Petersilie, feingehackt

☛ Das Herz und die Lunge wässern und in feine Würfel schneiden. Dabei sollten weiße Röhrchen im Fleisch oder gar Fettreste entfernt werden.

Die Zwiebeln ebenfalls feinwürflig schneiden und in der Hälfte der Butter anschwitzen. Dann das fein gewürfelte, nochmals gut abgewaschene und abgetrocknete Herz- und Lungengemisch darübergeben. Mit Salz und Pfeffer würzen und heißes Wasser aufgießen, so daß alles bedeckt ist. Das Gericht sollte 1 bis 2 Stunden vorsichtig köcheln.

In einem kleinen Topf den Rest Butter zerschmelzen und das Weizenmehl darüberstäuben, unter Hitze alles gut verrühren. Diese Einbrenne unter das nun fertig gegarte Herz-Lungen-Ragout geben. Es sollte unbedingt noch mal aufkochen, damit das Mehl nicht hervorschmeckt.

Jetzt erst den Essig darunter geben, die Kräuter zufügen und alles süßsauer abschmecken. Dazu reiche man Salzkartoffeln.

SCHLESISCHE KLÖSSE MIT BACKOBST

Backobst:

100 g Birnen, 100 g Äpfel, 100 g Aprikosen, 100 g Pflaumen, alles getrocknet
50 g Zucker • 1 Päckchen Vanillepuddingpulver • 400 ml Wasser
(davon 50 ml zum Anrühren des Puddingpulvers abnehmen)

Klöße:

500 g Weizenmehl • 1 Würfel Hefe, frisch oder 1 Tütchen Trockenhefe
¼ l Milch (3,5 % Fett) • 100 g Margarine • 100 g Zucker • 2 Eier

☛ Zuerst das Backobst vorbereiten: Einen Tag vorher das Trockenobst in Wasser einweichen, gerade so, daß das Trockenobst mit Wasser bedeckt ist.

Für die Klöße das Mehl in eine Schüssel sieben und die Hefe in warmer Milch auflösen. In das Mehl eine Mulde drücken, das Hefegemisch hineingeben und alles ¼ Stunde an einem warmen Ort zugedeckt stehen lassen. Die Margarine in einem Tiegel zerlaufen lassen, unter das Mehl geben, Zucker und Eier hinzufügen und alles kräftig verkneten. Acht Klöße formen und ins leicht gesalzene, leicht köchelnde Wasser geben. In diesem Wasser die Klöße 15 Minuten ziehen lassen.

Kurz nachdem die Klöße ins Kochwasser gegeben sind, das eingeweichte Obst mit Zucker bestreuen, mit 350 ml Wasser begießen, aufkochen und mit dem in kaltem Wasser angerührten Puddingpulver binden, nochmals aufkochen lassen und heiß servieren. Das Obst über die aus dem Topf gehobenen Klöße geben.

In manchen Gegenden Schlesiens füllte man die Klöße mit einem Gemisch aus Butter, Semmelbröseln und Mohn oder mit einer Backpflaume mit Honigklecks.

Gotthard Schmidt schildert seine Kindheit in Altreichenau

Eingebettet zwischen sanften Hügelketten im Vorland des Riesengebirges und dem sogenannten Waldenburger Bergland liegt ein etwa 5 km langes Bauerndorf – Altreichenau.

Am 8. Januar 1930 hier geboren, verlebte ich bis Herbst 1946 in Altreichenau meine Kindheit und einen Teil meiner Jugend. Mein Elternhaus war die Stellmacherei meines Vaters, ein Mehrfamilienhaus mit Werkstatt auf einem ungefähr 1800 m² großen Grundstück mit der noch heute gültigen Hausnummer 117.

Meine Mutter Martha, geb. Unger, führte den Haushalt. Zu Hause war außer der Familie oft noch ein Geselle und ein Lehrling zu beköstigen. Meine Mutter war immer ein wenig kränklich und oft bettlägerig. Meine Schwester Emmi mußte dann ihre Arbeit als Hausangestellte in Hirschberg aufgeben und uns die Wirtschaft führen. Meine Mutter war eine herzensgute und sehr sanfte Frau. Sie verstarb, für uns leider viel zu früh, während unserer Umsiedlung 1946 nach Pirna, im Alter von 55 Jahren. Die Mutter wurde in Pirna beigesetzt.

Familie Schmidt im Garten, 1938

Postkarte von Altreichenau, 1931

Mein Vater Richard Schmidt, selbstständiger Stellmachermeister, übernahm das Grundstück von seinen Eltern. Nach dem Ersten Weltkrieg kaufte er mit finanzieller Unterstützung durch gute Freunde Holzbearbeitungsmaschinen. Meine Eltern leisteten sich keinen Urlaub, jeder Pfennig wurde zum Rückzahlen der aufgenommenen Schulden benötigt. Als das geschafft war, begann der Zweite Weltkrieg.

Vater kaufte Holz der verschiedensten Art, auch für Möbel, die er nach dem Krieg für uns Kinder anfertigen wollte. Der Hof und der Schuppen bis zum Dach waren damit gefüllt. Mein Vater dachte an seine Erfahrungen der Inflationszeit nach dem Ersten Weltkrieg: Das Geld verlor seinen Wert, das Holz nicht! Aber es kam anders.

Der Vater betätigte sich auch als Hobbygärtner, baute Gemüse, Blumen und Kartoffeln an. Außerdem zog er Salat und Krautpflanzen in Frühbeeten auf und verkaufte diese.

Meine Familie wurde im Herbst 1946, mit dem Wenigen, was wir tragen konnten, vertrieben. Über die Zwischenstation Pirna, wo Mutter starb, mußten wir weiter nach Langenau im Kreis Brand-Erbisdorf, hier starb Vater 1955 …

Immer wieder berichtete mir Gotthard Schmidt, wie er das Leben in seinem Heimatdorf Altreichenau empfand. Im Dorf gab es ein gutes Miteinander zwischen den Dorfbewohnern, ob deutsch oder polnisch. Man handelte untereinander, half sich gegenseitig und die Kinder spielten miteinander.

Noch heute, fast siebzig Jahre später, sind die Sagen und Geschichten aus der Heimat tief verwurzelt und werden den Enkeln immer wieder gern erzählt.

BOUILLONKARTOFFELN

☛ Dieses in der Familie Schmidt sehr beliebte Essen hat eine besonders schmackhafte Rinderknochenbrühe als Basis.

Diese Brühe wurde bereits einen Tag vorher zubereitet. Man nahm Rinderknochen, die noch volles Mark besaßen, und gab diese in einen hohen Topf auf den Herd – gerade mit so viel kaltem Wasser aufgefüllt, daß die Knochen bedeckt waren. Das Wasser kochte auf und wurde weggeschüttet, die Knochen gut abgespült. Dann stellte man die Knochen wiederum mit kaltem Wasser auf den Herd – jetzt reichte das Wasser ein viertel über die Knochen. Das Wasser kochte langsam auf, köchelte dann für mehrere Stunden. Während dieser Zeit gab man ein Leinensäckchen mit Wacholderbeeren, Pimentkernen, Pfefferkörnern und Lorbeerblättern hinzu.

Anschließend wurde das Gemüse geputzt. Möhren, Sellerie und Zwiebeln wurden in walnußgroße Stücke geschnitten und in einem gußeisernen Tiegel ohne Fettigkeit angeröstet. Das Röstgemüse gab man ebenfalls an die seit Stunden leicht wallende Brühe. Durch das Röstgemüse erhielt die Brühe eine besonders schöne goldene Farbe. Erst jetzt wurde vorsichtig Salz zugegeben.

Die fertige Brühe wurde durch ein Leinentuch geseiht und an einen kühlen Ort gestellt. Die Knochen und das Röstgemüse jedoch wurden ein drittes Mal mit Wasser aufgefüllt und ergaben nach mehrstündigem Köcheln einen hervorragenden Auffüllfond für Braten oder Gulasch.

Am Tag der Mahlzeit wurde die bernsteinfarbene Brühe langsam erwärmt und besonders ausgesuchte, schöne runde, geschälte Kartoffeln darin gekocht. Der Topf durfte nie geschlossen sein, damit die leicht kochende Brühe nicht trüb wurde. Aus dem geöffneten Topf zog der wunderbare Duft der Bouillonkartoffeln durch das ganze Haus und auf den Hof. Gemeinsam aß die Familie die gegarten Kartoffeln und löffelte dazu die wohlschmeckende Brühe.

Zutaten für vier Personen

1,5 kg Rinderknochen (Schweineknochen eignen sich nicht!)
1 Selleriekopf • 3 Möhren • 2 mittelgroße Zwiebeln
10 Pimentkerne • 10 Wacholderbeeren • 20 Pfefferkörner
3 Lorbeerblätter • Salz nach Geschmack
je Person 4–5 mittelgroße, festkochende Kartoffeln

Kinderfest in Altreichenau, 1934

DAS BERÜHMTE SCHLESISCHE HIMMELREICH
Der Familie Schmidt aus Altreichenau

500 g Kassler (Kammfleisch ist besonders geeignet)
250 g Backobst (Backpflaumen, Birnen, Äpfel, Aprikosen) • 30 g Butter
30 g Weizenmehl • Salz und Pfeffer • 1 Prise Zucker

☛ Das Backobst einen Tag vorher einweichen. Das Kasslerfleisch in einem Topf mit Wasser bedeckt gut eine Stunde kochen. Vorerst keine Gewürze dazugeben, um den Kasslergeschmack zu erhalten.

Nach Ende der Kochzeit das Backobst dazugeben und alles nochmals eine halbe Stunde durchköcheln. Anschließend das Fleisch herausnehmen, in Scheiben schneiden und warm stellen. Das durchgekochte Backobst mit dem Pürierstab zu einer sämigen Masse verarbeiten. Früher, als es noch keinen elektrischen Pürierstab gab, strich man das Backobst durch ein Haarsieb.

Aus der Butter und dem Weizenmehl eine Mehlschwitze bereiten und unter die leicht wallende Brühe geben. Anschließend die Brühe mit Salz, Pfeffer und Zucker abschmecken.

Zum schlesischen Himmelreich reichte man Semmelknödel.

Kinderfest in Altreichenau, 1935
Der fünfjährige Gotthard Schmidt als Müller auf dem Wagen

MARINIERTER HERING
Altreichenauer Art, um 1935

An diese Art der Zubereitung erinnert sich der inzwischen 78jährige Gotthard Schmidt noch sehr genau. Die Äpfel stammten aus dem eigenen Garten und die Herstellung der Leib- und Magenspeise der Familie Schmidt zog sich über volle drei Tage hin. Der Vater war in dieser Beziehung sehr eigen: Die Heringe wurden nur dann beim Dorfkrämer gekauft, wenn dieser frische Ware bekommen hatte.

Rosi Schmidt gelang es aber dennoch, mit der Zubereitung marinierter Heringe bei ihrem Mann Heimatgefühle zu wecken. Nur, daß sie nicht mehr drei Tage damit zu tun hatte und der Hering nicht mehr beim schlesischen Dorfkrämer in Altreichenau gekauft werden konnte.

1 kg Salzheringe, ausgenommen und ohne Kopf
200 ml kaltes Wasser • 1 Spritzer Weinessig • 5 Pimentkörner
10 Pfefferkörner • 4 mittelgroße Zwiebeln • 4 Gewürzgurken • 2 saure Äpfel
250 ml süße Sahne • 250 ml saure Sahne • 250 ml Buttermilch

☛ Die Heringe 24 Stunden wässern, filetieren, enthäuten, in 2 cm große Stücke schneiden. 200 ml kaltes Wasser mit Essig und den Gewürzen vermengen. Zwei Zwiebeln schälen, halbieren und in Scheiben schneiden. Zwiebelscheiben und die Heringsstücke in die Marinade geben. Weitere 24 Stunden an einem kalten Ort zugedeckt stehen lassen.

Übrige Zwiebeln, Gurken und die entkernten, aber ungeschälten Äpfel in ganz feine Würfel schneiden. Den Hering abtropfen lassen, die Gewürze auffangen und alles zusammen in eine Schüssel geben. Sahne mit der Buttermilch vermengen und darüber gießen. Dann nochmals alles zugedeckt volle 24 Stunden an einem kühlen Ort stehen lassen. Dazu gab es Pellkartoffeln.

DAS SELBSTGEMACHTE SAUERKRAUT DER FAMILIE SCHMIDT

Seit Urgroßmutters Zeiten wurde unser Sauerkraut selbstgemacht, erzählt Gotthard Schmidt. Die zwei uralten Holzfässer wurden immer wieder verwendet. Tage vorher wurden sie mit Wasser und einer riesigen Handbürste gescheuert und auf dem Hof getrocknet. Wenig später kam ein mit Weißkohlköpfen beladenes Pferdefuhrwerk. Die Kohlköpfe wurden unter Freunden und Nachbarn verteilt.

☛ Der Strunk und die äußeren Blätter des Kohles wurden entfernt, aber aufbewahrt. Anschließend wurde der Weißkohl fein gehobelt. Der geraspelte Kohl wurde in mehreren dünnen Schichten in die zwei Holzfässer eingelegt. Jede Schicht wurde mit Salz, Wacholderbeeren und ein paar Schnitzelchen geraspelter Möhren bestreut, dann mit einem dicken, uralten Holzstößel festgeklopft. Am Ende deckte man alles mit einer Schicht aus Kohlblättern und einem ausgekochten Leinentuch zu. Darauf kam dann ein Holzdeckel, der genau in jedes Faß eingepaßt war. Zuletzt wuchtete der Vater einen riesigen Stein auf jedes Faß. Nach 14 Tagen konnte man schon das erste Sauerkraut zum Kochen entnehmen. Fast ein halbes Jahr hatte die Familie Schmidt ein köstliches Sauerkraut für die Küche zur Verfügung.

Auch in Kaiserswaldau wurde das Sauerkraut selbst gemacht. Beide Schmidts erinnern sich an den besonderen Geruch, der dem Sauerkraut eigen war.

Das Familienkochbuch der Jelinecks aus Bunzlau um 1900

Das Stadtwappen von Bunzlau, angefertigt von Gustav Freidrich um 1935

Elfriede Jelineck, die letzte Überlebende der Familie, ist stolz auf ihre schlesische Heimat Bunzlau, heute polnisch Boleslawiec: »Auch wenn unser Name sich tschechisch anhört, wir sind Schlesier!«

Auf die Herkunft der Familie weist der tschechisch klingende Name Jelineck hin. Der Urgroßvater Emil Jelineck (1834–1911) kam 1878 aus Prag in das aufstrebende Bunzlau, wo er zusammen mit seiner Tochter Auguste (1859–1941) die kleine Speisewirtschaft »Zum Krug« eröffnete. Da er wusste, wieviel Wert die Schlesier auf ihre Küche legen, kam in Emil Jelinecks Gasthaus nur echt Schlesisches auf den Tisch. Die Einnahmen der kleinen Wirtschaft reichten gerade zum Überleben der Familie, zu der noch die uneheliche Tochter von Auguste zählte –

Der Gastwirt Emil Jelineck

Clara Wilhelmine (1882–1969). Als Emil Jelineck aus gesundheitlichen Gründen um 1900 nicht mehr in der Wirtschaft helfen konnte, führten Auguste und Wilhelmine Jelineck das Geschäft allein weiter. Ihr Vater begann in dieser Zeit das Familienkochbuch zu schreiben.

Emil Jelineck lernte seine Urenkelin nicht mehr kennen, 1911 starb er. Elfriede Jelineck, die 1923 geboren ist, erinnert sich aber noch genau an den nach einem Rezept des Urgroßvaters gebackenen Weihnachtsbaumbehang. Elfriedes Mutter Clara und Großmutter Auguste betrieben die kleine Gaststätte noch bis 1934.

Nach der Schulzeit begann Elfriede Jelineck am Lehrerbildungsinstitut zu lernen. Doch sie kam nicht mehr dazu, den

Beruf auszuüben. 1943 verkauften Clara und Elfriede Jelineck das Haus und zogen zu weitläufigen Verwandten nach Nürnberg. Später zogen sie weiter nach Erlangen in das Haus von Elfriedes zukünftigen Schwiegereltern. Der Krieg zerstörte nicht nur die berufliche Zukunft von Elfriede, sondern auch die Hoffnung auf künftiges Familienglück – ihr Bräutigam Adolf Gutmann fiel 1944 in der damaligen Sowjetunion. Lange galt er als vermisst, erst 1987 wurde sein Grab gefunden.

Obwohl Elfriede Jelineck erst 20 Jahre alt war, als sie Schlesien verließ, hängt sie doch mit allen Fasern ihres Herzens am Land ihrer Kindheit. 1998 besuchte sie ihr Bunzlau und die völlig zugewachsenen Gräber des Urgroßvaters und der Großmutter. Ihr Haus fand sie nicht mehr, aber die Glasfachschule, wo sie ihre erste Liebe traf. Geblieben sind ihr auch die Erinnerungen und das alte Kochbuch mit den Rezepten ihres Urgroßvaters.

JELINECKS WEIHNACHTSBAUMBEHANG

500 g Weizenmehl • 1 Päckchen Backpulver
2 Päckchen Vanillezucker • 2 Eier • 8 EL Milch
10 g Zimt • 1 Msp. gemahlene Nelken

Guss:
Zitronenguss aus 150 g Puderzucker
2 EL Zitronensaft • 1 EL zerlassenem Kokosfett

Belag:
Buntzucker und Schokoladenstreusel

☛ Mehl und Backpulver mischen und auf ein Holzbackbrett sieben. In die Mitte eine Vertiefung drücken, Zucker, Vanillezucker, Eier, Milch und die Geschmackszutaten in die Mulde geben. Alles vermengen und zu einem Kloß kneten. Den Teig 3 mm dünn ausrollen. Mit einer Form Kringel ausstechen und diese auf ein gefettetes Backblech geben. Bei 180 Grad 10 bis 15 Minuten backen.

Nach dem Backen die noch warmen Kringel mit Zitronenguss bestreichen und mit Buntzucker und Schokoladenstreuseln bestreuen.

Heldendenkmal in Bunzlau um 1930

Boberwiesenbad in Bunzlau um 1930

BUNZLAUER MANDELGEBÄCK, UM 1930
nach Rezepten des Vaters
aufgeschrieben von Auguste Jelineck

200 g Zucker • 100 g Möhren
3 g Zimt • 3 g gemahlene Nelken
3 g Muskatpulver • 1 TL Zitronensaft • 1 Ei
1 Päckchen Vanillezucker • ½ Päckchen Backpulver
300 g Weizenmehl • 100 g Mandeln, fein gehackt
100 g Feigen, fein geschnitten
1 Ei • 2 EL Milch
einige halbierte Mandeln zum Belegen

☛ Den Zucker in einem Topf erhitzen, bis er flüssig ist. In dem flüssigen Zucker die fein geriebenen Möhren erhitzen, die Gewürze und Zitronensaft dazugeben. Nach dem Erkalten das Ei hinzugeben.

Das mit dem Vanillezucker und Backpulver vermischte Mehl auf ein Holzbackbrett geben, eine Vertiefung hineindrücken und die erkaltete Zucker-Möhren-Masse hineingeben. Darüber die mit den Feigen vermischten Mandeln streuen. Alles zu einer Teigkugel verarbeiten. Den Teig einen halben Zentimeter dick ausrollen. Das Ei mit der Milch verquirlen. Formen ausstechen und mit Eiermilch bestreichen, mit halben Mandeln belegen. Bei Mittelhitze 10 bis 15 Minuten hellbraun backen.

BUNZLAUER REISAUFLAUF MIT ERDBEERSOSSE

250 g Rundkornreis • 1 l Wasser
2 Eier • 4 EL Honig • 200 g Quark
abgeriebene Schale einer gut abgewaschenen Zitrone
1 Prise Salz • 10 Weinbeeren • 2 EL gehackte Nüsse
1 Päckchen Vanillezucker

Soße:
250 g Erdbeeren • 1 EL Vollzucker
Saft einer Orange

☛ Reis waschen, in leicht gesalzenem Wasser ca. 40 Minuten kochen, abgießen und abkühlen lassen. Die Eier trennen. Eigelb mit Honig schaumig rühren. Quark, Zitronenschale, Salz, Weinbeeren, Nüsse und Vanillezucker untermischen. Das steif geschlagene Eiklar unterarbeiten. Den Reis unterheben und alles in eine feuerfeste Form geben. Bei 200 Grad ca. 40 Minuten backen lassen. Fertig gebackenen Auflauf zum Servieren in Scheiben schneiden.

Für die Soße die Erdbeeren pürieren, mit Zucker und Orangensaft abschmecken. Über die Auflaufscheiben gießen. Bei Bedarf mit Schlagsahnetupfer garnieren.

Hausrezepte von Frieda Karsch aus Bunzlau

Frieda Karsch (1891–1974) als 23jährige in ihrer Liegnitzer Stellung als 1. Hausdame bei Geheimrat Joh. Faust

Auf der Buchmesse 2001 in Leipzig unterhielt ich mich mit der hochbetagten Frau Dr. Graetz. Sie erzählte mir die Lebensgeschichte ihrer Patentante Frieda Karsch, geb. Luther, die ab 1930 bei ihrem Großvater, dem bekannten und wohlhabenden Bunzlauer Kaufmann Graetz, Haushälterin gewesen war und der

Alter Turnverein in Liegnitz

Familie bis zu ihrem Tod immer sehr nahe gestanden hatte.

Frieda Karsch wurde 1891 als achtes und jüngstes Kind des Stadtbediensteten August Luther in Danzig geboren. Ihre sieben Brüder kamen alle im Ersten Weltkrieg um, so dass die Tochter zur einzigen Stütze des Vaters wurde. Sie lernte in Danzig und Stettin an mehreren Hauswirtschaftsschulen und -instituten einen gutbürgerlichen Haushalt mit mehreren Angestellten zu führen. Hier begann sie 1906 ihr regionales Handkochbuch, für das sie bei schlesischen Lehrerinnen in Speisen- und Rezeptkunde reichlich Anregung fand. Als beste Absolventin der Hauswirtschaftsakademie in Stettin posierte sie zum Jahreswechsel 1914/1915 auf einer Postkarte, die sie an Bekannte und Verwandte verschickte und verschenkte. In Danzig lernte sie den Bildhauer Karsch kennen und heiratete ihn 1928 in Bunzlau. Die Ehe war nur von kurzer Dauer. Danach widmete sie sich voll und ganz dem Haushalt der Familie Graetz.

Dr. Otti Graetz hatte neben Frieda Karsch den Liegnitzer Sauerkrautfabrikanten Ernst Hermann Schönstetter, einen weitläufigen Verwandten der Mutter, als Paten. Die mütterliche Fürsorge ergänzte er durch teure Goldschmuck-Geschenke, die den beiden Frauen 1944 das Leben retteten. Ein Fuhrunternehmer brachte sie dafür mit all ihrem Hab und Gut zu einem Verwandten in die Nähe von Leipzig.

Sehr gern erinnert sich Frau Dr. Graetz an die schlesische Küche ihrer Patentante, und da sie selbst, wie sie lachend bemerkt, in der Küche zwei linke Hände habe, sei es bei dieser Erinnerung geblieben.

APFELKRAPFEN NACH FRAU MÜLLER
Lehrerin aus Breslau, 1910

500 g Weizenmehl • 100 g Zucker
1/8 l lauwarme Milch
1 Würfel frische Hefe oder 1 Päckchen Trockenhefe
75 g Margarine • 2 Eier • 300 g säuerliche Äpfel • 50 g Sultaninen
Frittierfett/ Öl zum Ausbacken in der Fritteuse
200 g Zucker zum Bestreuen

☛ Mehl und Zucker in eine Schüssel geben, in die Mitte eine Vertiefung drücken. In die Mulde die in lauwarmer Milch angerührte Hefe geben. 15 Minuten gehen lassen. Die Margarine zerlassen und zusammen mit den Eiern an den Teig geben. Alles kneten und nochmals eine halbe Stunde an einem warmen Ort gehen lassen. Dann die geschälten, gewürfelten Äpfel und die Sultaninen unter den Teig heben. Nochmals 15 Minuten gehen lassen. Mit Hilfe von zwei Esslöffeln kleine Krapfen von der Masse abstechen, im auf 180 Grad erhitzten Öl abstreichen und darin schwimmend in 4 Minuten ausbacken. Die heißen Krapfen sofort im Zucker wälzen!

Schützenhaus Patschkau um 1924

SCHLESISCHE BIRNENTORTE NACH FRAU GROTHE
Lehrerin aus Steinau, 1912

100 g Weizenmehl • 50 g Speisestärke
1 Eigelb • 50 g Zucker • 75 g Butter
1 kg saftige, reife Birnen
50 g fein gehackte Walnusskerne
2 EL Birnengeist

☛ Mehl und Speisestärke miteinander mischen. Eigelb, Zucker und Butter dazugeben und alles miteinander verkneten. Den Teig kalt stellen. Birnen schälen, halbieren, entkernen und fächerartig schneiden, mit Zitronensaft beträufeln.

Den Teig ausrollen und in eine Springform drücken, mit der Gabel Löcher in den Teigboden stechen. Die Birnenfächer einlegen und in die Zwischenräume die Walnusskerne legen. In die vorgeheizte Röhre stellen und bei 180 Grad 45 Minuten backen. Den warmen Kuchen mit dem Birnengeist bestreichen.

PATSCHKAUER KNOBLAUCHSUPPE von 1920

Um 1920 arbeitete Frieda Karsch kurze Zeit im Schützenhaus in Patschkau, heute polnisch Paczkow. Von hier stammt das deftige Suppenrezept.

2 große Zwiebeln • 1 Knoblauchzwiebel
2 EL Olivenöl • ½ l Gemüsebrühe
500 ml Schlagsahne • 250 g geriebener Schnittkäse
1 Bund fein geschnittener Schnittlauch
Salz und weißer Pfeffer nach Geschmack

☛ Die Zwiebeln und die Knoblauchzehen schälen und feinwürflig schneiden. Miteinander vermischen. Öl in einem Topf erhitzen und das Gemisch darin glasig schwitzen. Brühe und Sahne dazugeben und alles 15 Minuten köcheln.

Die Suppe durch ein Sieb geben und nochmals 15 Minuten kochen lassen, mit Salz und Pfeffer abschmecken. Den Grill im Herd anschalten und die Suppe in Teller füllen, den Käse verteilen und die Teller in den Herdgrill stellen. Sobald der Käse goldgelb ist, die Suppe mit Schnittlauchröllchen bestreut servieren.

Heinrich Gersdorff – der Kloß-Heinrich aus Sagan

Gruppenbild aus Warschau 1915:
Heinrich Gersdorff (fünfter von rechts in der hintersten Reihe).

Die Geschichte der Familie Gersdorff lässt sich bis ins 17. Jahrhundert zurückverfolgen. In ganz Deutschland leben Nachkommen der Familie. Einer der berühmtesten Gersdorffs ist der ehemalige General Christoph Freiherr von Gersdorff, der 1943 in Berlin an einem leider missglückten Bombenattentat auf Hitler beteiligt war. Die Verwandtschaft erfuhr jedoch erst nach Ende des Zweiten Weltkrieges von dieser Aktion. Freiherr von Gersdorff starb 1980 in München.

Auf ganz andere Weise erlangte Heinrich Gersdorff (1881–1956) eine gewisse Berühmtheit in der Familie, aber auch in Sagan und bei allen, die je seine Kochkunst erleben durften.

Von 1897 bis 1900 erlernte Heinrich Gersdorff in Breslau im bekannten Savoy-Hotel den Beruf eines Kochs. Der stille, gutherzige Junge war allgemein beliebt.

1915 wurde Heinrich Gersdorff eingezogen, er überlebte den Krieg und arbeitete danach in einem Hotel am Obermarkt in Görlitz. Als er später nach Breslau zurückkehrte, rissen sich die Küchenchefs förmlich um ihn. Er kochte sich einfach in die Herzen der Menschen. Besonders gerühmt wurden seine Kloßrezepte.

Zwei durchlittene Weltkriege machten den Koch Heinrich Gersdorff zunehmend zum Gesellschaftskritiker. Der Tod 1956 in Gießen war für ihn eine Art Befreiung. Seit mehreren Jahren an Kehlkopfkrebs leidend lebte er nur noch für seine Familie – die Großnichte Erna und ihren Lebensgefährten Reinhold Schmidt, auch ehemaliger Schlesier.

Beide Männer legten ein großes schlesisches Heimatarchiv an, das heute noch besteht. Erna Gersdorff pflegt und vervollständigt liebevoll dieses Vermächtnis ihres Großonkels. Sie bewahrt auch seine handgeschriebene Rezeptsammlung auf, die durch ihre Klarheit und die sehr schöne Handschrift beeindruckt. Die Rezepte beginnen mit der Lehrzeit von Heinrich Gersdorff und reichen bis zu bäuerlichen Speisen in Sagan von 1946.

KARTOFFELSUPPE NACH ART DES SAVOY-HOTELS, BRESLAU UM 1900

Die berühmte Kartoffelsuppe aus dem Savoy-Hotel musste Heinrich Gersdorff im Ersten Weltkrieg während seiner Zeit als Koch beim deutschen Generalgouvernement in Warschau sehr oft kochen.

1 kg mageres Rindfleisch • 2 kg Kartoffeln
1 Kopf Sellerie • 2 große Zwiebeln • 3 frische Tomaten
Salz und Pfeffer nach Geschmack
4 hartgekochte Eier • kleine Krebsschwänze
gehackte Küchenkräuter (2 EL Petersilie, 1 EL Dill, 1 EL Kerbel)

☛ Das Rindfleisch, die geschälten Kartoffeln, den Sellerie und die Tomaten in einen hohen Topf geben, mit kaltem Wasser bedecken, würzen und zum Kochen bringen. Solange kochen, bis das Gemüse zerfällt und das Fleisch gar ist. Das Fleisch in feine Würfel geschnitten wieder an die nun sämige Suppe geben. Dann die in Würfel geschnittenen Eier, die Krebsschwänzchen und die feingehackten Kräuter dazugeben.

Heinrich Gersdorff wohnte während seiner Lehrzeit nahe der Schweidnitzer Straße, der berühmten Breslauer Geschäftsstraße. Er war liebevoll von der Familie eines Savoy-Hotel-Portiers aufgenommen worden, die den kleinen Saganer Jungen gerne hatte. Zunächst wurde er im Hotel als Küchenjunge eingesetzt und musste sehr viel Gemüse putzen. Oft schaute er den Köchen bei der Arbeit zu.

BRESLAUER KARTOFFELKLÖSSE, UM 1900

Diese Klöße musste der junge Koch Gersdorff immer zubereiten, wenn er ein paar Tage zu Hause in Sagan war. Auch die Saganer Gastwirte schätzten den jungen Mann und ließen ihn gern kochen. Vor allem die Klöße. Dafür bekam er ein paar zusätzliche Taler.
Der junge Gersdorff hatte sich die Kloßrezepte geduldig von einem alten erfahrenen Savoy-Hotelkoch abgeschaut, der seine Rezepte nur ungern weitergab. Aber das Danziger Goldwasser, das Heinrich Gersdorff großzügig ausschenkte, half die Zunge zu lockern …

2 kg Kartoffeln • Salz • etwas Weizenmehl
2 Eier • 1 Brötchen • 20 g Butter

☛ Die Hälfte der Kartoffeln schälen, in kaltes Wasser reiben. Dann in einem sauberen Leintuch auspressen, das Wasser auffangen und die sich absetzende Stärke wieder an die ausgepressten Kartoffeln geben, dann die Eier und das Salz dazugeben. Die andere Hälfte der Kartoffeln schälen und zum Kochen bringen, dann abgießen und durch eine Presse geben, alles mit den anderen Kartoffeln vermengen. Das Brötchen in Würfel schneiden und in der Butter anbraten, dann zu der Kartoffelmasse geben und alles gut vermengen. Klöße formen und im siedenden Salzwasser garziehen.

Die Schweidnitzer Straße –
eine beliebte Einkaufsstraße in Breslau um 1900

Breslau um 1900

Der junge Gersdorff bekam nachfolgendes Kloßrezept von einer Kochfrau namens Anna Reifert, die in einer Gaststätte in der Nähe des Saganer Schlosses arbeitete, wo auch Heinrich Gersdorff manchmal aushalf. Zu seinem Dienstantritt im Breslauer Savoy-Hotel kochte der Kochgehilfe Heinrich Gersdorff diese Klöße das erste Mal. Sogar der zweite Küchenchef namens Maletzky war des Lobes voll.

SAGANER SEMMELKLÖSSE – VOR 1897

4 Brötchen (nur altbackene verwenden)
2 gehäufte EL Weizenmehl • Salz nach Belieben
50 g Semmelmehl • 60 g Butter • 3 Eier

☛ Die Brötchen in kaltem Wasser einweichen und ausdrücken. Durch den Fleischwolf drehen. Mit Salz, Weizenmehl und Semmelmehl vermengen. Die Butter zerlassen und den Teig darin abbrennen, es entsteht dann ein richtiger Kloß. Nach und nach die Eier in die heiße Masse geben, den Teig ausquellen lassen. Einen Topf mit Salzwasser zum Köcheln bringen. Mit zwei Esslöffeln, welche man immer wieder in Wasser taucht, längliche Klößchen abstechen und in den Topf geben. Die Klößchen müssen etwa 15 Minuten garziehen. Mit der Schaumkelle herausnehmen, gut abtropfen lassen und servieren.

BRESLAUER MEHLKLÖSSE – 1910

Diese Spezialität stammt ebenfalls aus dem Saganer Gebiet. Erna Gersdorff meinte dazu, dass diese Klöße noch heute gern bei ihnen gegessen werden. Oft mit einer Obstsoße z. B. aus Pflaumen (gekochte Pflaumen mit viel Zucker, dann mit etwas Stärkemehl gebunden).

¼ l Milch • 40 g Butter • 150 g Weizenmehl
1 Prise Salz • 1 Prise Zucker
5 Eier, bitte trennen, das Eiklar steif schlagen
Salz für das Kochwasser • 1 sauberes Leintuch

Sagan um 1924

☛ Die Milch mit der Hälfte der Butter aufkochen, dann das Mehl, das Salz und den Zucker hinzugeben. Solange rühren, bis sich die Masse vom Topfboden hebt. Nach dem Erkalten nach und nach die Eigelb an die Masse geben. Am Ende das steifgeschlagene Eiklar darunter ziehen.

Salzwasser ansetzen. Wenn das Wasser im Topf leicht sprudelt, das Leintuch hineintauchen, auswringen und bereitlegen. Das Tuch mit der restlichen Butter bestreichen und den Teig darauf legen. Das Tuch nicht zu dicht über dem Teig zusammenbinden, damit sich dieser im Wasserdampf gut ausdehnen kann. Das Tuch in das sprudelnde Salzwasser legen und eine gute Stunde lang garen. Dann den Teig herausnehmen und in Scheiben schneiden.

BRESLAUER KARPFEN
Sagan um 1945

Der inzwischen 65jährige Heinrich Gersdorff hatte sich mit seiner Familie auf einem Bauernhof bei Sagan eingemietet. Er bezahlte keine Miete, sondern half der Bäuerin in ihrer großen Küche und fuhr den Pferdewagen, wenn der Bauer unterwegs war. Die Lieblingsspeise des Bauern war eben dieser Karpfen und der alte Gersdorff brauchte immer ungewöhnlich viel Rotwein für die Soße. Da der alte Koch es meisterlich verstand, diese Spezialität herzustellen, sah man ihm den »Weinverbrauch« immer nach.

1 großer Karpfen, mindestens 2 bis 3 kg (lebend)
4 EL Essig • Salz nach Belieben
1 Bund Suppengrün (1 Möhre, ¼ Kopf Sellerie, 1 Stange Porree)
1 Zwiebel • 125 g Butter
1 Flasche Bier, am günstigsten ist ein dunkles Bier
Gewürzmischung (2 Lorbeerblätter, 4 Pimentkörner, 4 Pfefferkörner)
100 g Pfefferkuchen • 1 EL Zucker • 1 EL Zitronensaft
100 ml Rotwein (kräftig im Geschmack)

☛ Den Karpfen schlachten und das Blut sorgfältig auffangen, in 4 Portionsstücke schneiden und gut auswaschen. Das Karpfenblut mit 2 EL Essig verrühren. Die Karpfenstücke trockentupfen und salzen.

Das Suppengrün und die Zwiebel in feine Streifen schneiden, in 30 Gramm Butter andünsten und mit dem Bier ablöschen. Die Lorbeerblätter, Pimentkörner und Pfefferkörner zugeben, alles muss jetzt eine gute viertel Stunde köcheln.

Die Karpfenstücke für 20 Minuten in diesen würzigen Sud geben. In dieser Zeit den Pfefferkuchen reiben und in 2 EL Essig quellen lassen, dann in den Karpfenkochfond geben. Die Karpfenstücke herausnehmen und warm stellen. Die übrige Butter, den Rotwein, Zucker und Zitronensaft dazugeben und alles noch einmal aufkochen lassen. Alles durch ein Sieb geben und die Karpfenstücke wieder in die Soße geben.

Dazu gab es oft Stampfkartoffeln.

Sagan um 1924

Heinrich Gersdorff bei der Feldarbeit im Mai 1946

STECKRÜBENSUPPE

1 kg Steckrüben (auch Wruken genannt)
½ l Hühnerbrühe • 1 Ei
200 ml Schlagsahne
Salz und Pfeffer nach Belieben
300 g Blutwurst in Scheiben
Bratfett • etwas gehackte Petersilie

☛ Die Rüben schälen, in Würfel schneiden und in der Brühe weich kochen. Dann durch ein Küchensieb streichen (oder heute mit dem Passierstab glattrühren). Eigelb mit der Sahne verrühren und in die Suppe geben, nicht mehr aufkochen!

Die Blutwurstscheiben im Tiegel braten, den Bratfond mit in die Suppe geben. Blutwurstscheiben in tiefe Teller legen und darüber die Suppe füllen. Mit gehackter Petersilie bestreuen.

Der Koch Johannes Schramm (1882–1949)

Familienausflug zum Memmelstein 1915
Johannes Schramm (ganz rechts).

Familie Ruderich aus Gera lernte ich 1983 kennen. Herr Ruderich hatte von meinem ungewöhnlichen Hobby, nämlich Familienrezepte und deren Ursprünge zu sammeln, gehört. Er erzählte mir eine typisch deutsche Familiengeschichte.

Sein Großvater, Johannes Schramm, wurde 1882 als einziger Sohn des Ortspolizisten Gustav Schramm in Cottbus geboren. Auf Fürsprache eines Verwandten bekam er eine Lehrstelle im angesehenen Berliner Hotel Adlon, wo er die größten Köche des damaligen Deutschland kennen lernte. Nach erfolgreichem Gesellenabschluss versuchte er in verschiedenen guten Berliner Hotels als Jungkoch unterzukommen. Doch die Zeit nach dem Ersten Weltkrieg war schwierig. Der Vater hatte nicht das Geld, den Sohn weltmännisch einzukleiden, damit er sich bei den Hoteldirektoren hätte vorstellen können. So ging er ab 1906 auf Wanderschaft. Wechselnde Arbeitsstellen führten ihn von Cottbus über zahlreiche Stationen (Zoblitz, Löbau, Görlitz, Rothenburg, Niesky, Grottkau) schließlich 1924 als Wirt nach Löwenberg (heute polnisch Lwowek Slaski) in die Gaststätte »Zum Burgkeller«, die wegen ihrer schlesischen Speisen sehr beliebt war.

In Cottbus hatte er die hübsche Büroangestellte Elfriede Frommhold kennen gelernt und 1913 geheiratet. Nach ihrem Tod musste er sich um seine behinderte Tochter Hildegard (1927–1948) kümmern. Mit ihr und seiner ersten Tochter Maria Ruderich (1924–1991) geht er 1945 zunächst nach Breslau, später zu Verwandten seiner Frau nach Berlin. Niemand will den ernsten und gramgebeugten Mann einstellen; nach dem Tod der Tochter Hildegard nimmt er sich das Leben.

Der Sohn von Maria Ruderich freut sich, seinem Großvater, den er nicht mehr kennen lernte, im schlesischen Familienkochbuch ein Denkmal zu setzen, indem er mir das Material zur Verfügung stellt. In den Dorfgaststätten der ehemals zu Schlesien gehörenden Lausitz hatte Johannes Schramm sich die Zubereitung typisch schlesischer Spezialitäten angeeignet und in einem dicken Buch aufgezeichnet. Es enthält neben Rezepten, die in den anderen Familienkochbüchern auch zu finden sind, einige kaum bekannte, von denen ich einige im Folgenden vorstelle.

LEBER NACH ZOBLITZER ART
um 1915

500 g frische, grüne Gurke • 4 Knoblauchzehen
Salz und Pfeffer nach Geschmack (in das Mehl geben)
1 TL Salbei, getrocknet und kleingeschnitten • 125 g Schlagsahne
4 Scheiben Schweineleber (insgesamt 600 g) • 2 EL Weizenmehl
2 EL Margarine • 4 EL Weißwein, trocken

☛ Gurke waschen, schälen und in Scheiben schneiden. Leber waschen und im Mehl wälzen. Margarine erhitzen, die in Scheiben geschnittenen Knoblauchzehen dazugeben und die Leberscheiben darin goldgelb braten, von jeder Seite 4 Minuten. In eine Auflaufform legen und mit dem Weißwein beträufeln. Im Bratfond der Leber die Schlagsahne und den kleingehackten Salbei durchkochen und die Gurkenscheiben dazugeben. Alles gut durchkochen lassen und auf die Leber geben. Alles in der Backröhre bei 150 Grad 5 Minuten durchziehen lassen. Dazu schmeckt frisch getoastetes Weißbrot sehr gut.

ZOBLITZER QUARKAUFLAUF

3 Eier • 250 g Quark • 200 g Puderzucker
1 Päckchen Vanillezucker
2 EL Eierlikör • 500 g süße Äpfel
100 g Mandeln, in Scheiben schneiden und anrösten
100 g Erdbeeren, kleinschneiden

☛ Die Eier trennen. Eigelb mit Puderzucker schaumig rühren, Quark, Vanillezucker und Eierlikör dazugeben. Das Eiklar solange schlagen, bis es fest ist. Unter die Eigelb-Quarkmasse heben. Die Äpfel schälen und das Kerngehäuse entfernen. Die Äpfel in hauchdünne Scheiben schneiden und auf hitzebeständige große, flache Teller legen.

Die Quarkmasse darauf verteilen. Im vorgeheizten Backofen bei 250 Grad 8 Minuten überbacken. Mit den angerösteten Mandelscheiben und den kleingeschnittenen Erdbeeren garnieren.

FISCHFILET AUF SAUERKRAUT

4 Fischfilets à 150 g • 2 säuerliche Äpfel
2 Zwiebeln • 2 EL Butter
1 kg Sauerkraut • 1 Lorbeerblatt
12 Wacholderbeeren • 1 EL Zitronensaft
1/8 l Brühe • 1 EL Zucker
1/8 l Weißwein

☛ Äpfel und Zwiebeln schälen und kleinschneiden, in der Butter andünsten. Das Sauerkraut dazugeben und die Gewürze. Dann die Brühe und den Weißwein zufügen. Alles gut durchdünsten. Die Fischfilets waschen, salzen und mit Zitronensaft beträufeln. Das Sauerkraut in eine gefettete Auflaufform geben und das Fischfilet darüber verteilen. 15 Minuten bei 200 °C Ober- und Unterhitze garen. Dazu schmecken Stampfkartoffeln.

SCHLESISCHE KRAUTTASCHEN

500 g Sauerkraut • 1 Apfel
200 g Weizenmehl
2 Eier • 3 EL Wasser
10 g Butter • 1 Prise Salz
Schmalz zum Braten der Teigtaschen

☛ Das Sauerkraut bissfest kochen und mit dem geriebenen Apfel vermischen. Mehl, Eigelb, Wasser und Butter verkneten. Der Teig darf nicht mehr am Brett kleben. Dünn ausrollen und in kleine Quadrate teilen. Die eine Quadrathälfte mit Sauerkraut belegen und die Ränder mit dem geschlagenen Eiklar bestreichen. Teighälften darüber klappen und mit einer Gabel andrücken. Für 10 Minuten in siedendes Wasser geben und nach dem Abtropfen in heißem Schmalz anbraten. Zu den Sauerkrauttaschen eine Tomatensoße reichen.

Rezeptverzeichnis nach Kapiteln

Alphabetisches Rezeptregister

Quellen

Fotos, Ansichtskarten, Dokumente, Gedichte, Lieder

Postkarten: zahlreiche historische Postkarten kommen aus dem Archiv Thomas Ruck, Gera
Scherenschnitte von Stadtwappen: Gustav Freidrich, Breslau
außerdem: Kochbucharchiv Harald Saul, Gera

S. 4: *Dagmar von Mutius, Einladung in ein altes Haus, Geschichten von Vorgestern, Würzburg 1994, mit freundlicher Genehmigung des Bergstadtverlags Wilhelm Gottlieb Korn*

S. 5: *Hermann Gebhardt, Alte und neue Geschichten vom Berggeist Rübezahl, Augsburg 1957*

S. 6–7: *Familie August und Erna Bacher, Bad Honnef*

S. 8: *Gerhard Gruschka, Das Lied eines vergessenen Landes, Neuried 2001*

S. 14–20: *Gerda Schneider, Senftenberg*

S. 21–28: *Familie August und Erna Bacher, Bad Honnef*

S. 29–36: *Hertha Wunderlich, Bad Brambach, verstorben im November 2002*

S. 37–45: *Hildegard Merz, Gießen an der Lahn*

S. 46–52: *Familie Siegfried Hermann Kohler, Köln*

S. 53–57: *Erika Geßner, Gera*

S. 58–64: *Peggy Dinter, Hasselfelde im Harz*

S. 65–76: *Rita Grond, Cattenfeld*

S. 77–81: *Martha Krebs, Hasselfelde im Harz*

S. 82–88: *Familie Grünert, Magdeburg*

S. 89–96: *Elsa Topf, Meuselwitz, verstorben 1983*

S. 97–104: *Familie Herbert Wunderlich, Bad Brambach*

S. 105–111: *Manfred Krug, Weida*

S. 112–115: *Archiv historischer Postkarten Thomas Ruck, Gera*

S. 116–121: *Henriette Franke, Augsburg*

S. 122–126: *Familie Eduard Meyer, Leipzig*

S. 127–133: *Erna Kirchner, Berlin*

S. 134–139: *Selma Schädlich, Pausa*

S. 140–145: *Familie Rosner, Bad Nauheim*

S. 146–152: *Familie Dr. Dr. Schacht, Heidelberg*

S. 153–158: *Erna Jauer, Erfurt*

S. 159–165: *Meta Degenkolb, Oelsnitz im Vogtland*

S. 166–172: *Erika Otte, Ronneburg*

S. 173–180: *Michael Georg, Gera*

S. 181–190: *Familie Rosi und Gotthard Schmidt, Dresden*

S. 191–196: *Elfriede Jelineck, Erlangen*

S. 197–201: *Dr. Otti Graetz, Leipzig*

S. 202–210: *Erna Gersdorff, Gießen an der Lahn*

S. 211–214: *Herr R. Rudrich, Gera-Zwötzeng*

Autor und Verlag danken herzlich allen Leihgebern.

ISBN 978-3-8094-4143-4

3. Auflage 2025

Dieses Buch ist ein Bind-up aus den beiden Einzelbänden von Harald Saul mit Familienrezepten aus Schlesien, erschienen beim Buchverlag für die Frau 2004 und 2008, bei Bassermann 2013 und 2014.

Orginaltitel: Familienrezepte aus Schlesien: Geschichten und Rezepte einer unvergessenen Zeit, 2004
Noch mehr Familienrezepte aus Schlesien: Erinnerungen an die unvergessene alte Heimat, 2008

produktsicherheit@penguinrandomhouse.de
(Vorstehende Angaben sind zugleich Pflichtinformationen nach GPSR)

Umschlaggestaltung: Atelier Versen, Bad Aibling
Herstellung: Elke Cramer
Projektleitung: Anja Halveland

Satz: Nadine Thiel, kreativsatz, München
Druck: Alföldi Nyomda Zrt., Debrecen

Printed in Hungary

Penguin Random House Verlagsgruppe FSC® N001967

Zoblitz um 1915